KB267457

『한비자』 읽기

세창명저산책_006

『한비자』 읽기

초판 1쇄 인쇄 2012년 12월 5일
초판 1쇄 발행 2012년 12월 10일
—

지은이 황준연
펴낸이 이방원
기획위원 원당희
편집 안효희·조환열·김명희·강윤경
디자인 박선옥·손경화
마케팅 최성수
—

펴낸곳 세창미디어
출판신고 1998년 1월 12일 제300-1998-3호
주소 120-050 서울시 서대문구 냉천동 182 냉천빌딩 4층
전화 02-723-8660
팩스 02-720-4579
이메일 sc1992@empal.com
홈페이지 http://www.scpc.co.kr
—

ISBN 978-89-5586-162-4 04100
　　　978-89-5586-142-6 (세트)

ⓒ 황준연, 2012

이 도서의 국립중앙도서관 출판시도서목록CIP는 e-CIP 홈페이지 http://www.nl.go.kr/ecip에서
이용하실 수 있습니다. CIP 제어번호 : CIP2012005525

세창명저산책_006

『한비자』 읽기

황준연 지음

세창미디어

머리말

　고대 중국의 사상사에서 한비자韓非子는 법가法家의 대표자로 알려져 있다. 그 인물에 대한 자료는 가난할 정도로 적지만, 『한비자』라고 호칭되는 책이 전하고 있어서, 우리는 이 자료를 통하여 한비자의 사상 및 법가학파의 성격을 이해할 수 있다(일반적으로 '한비자'는 '한비韓非' 혹은 '한비자'로 병칭되고 있다. 그 기준은 없고 학자들의 개인 습관에 의하는 것으로 보인다. 필자는 이후 인물에 대하여는 '한비'로 표기하고, 책 이름은 『한비자』라고 표기한다).

　법가는 유가, 도가, 묵가 등과 더불어 중국 고대사상의 한 영역을 점유하고 있는데, 학파로서 이들과 뚜렷하게 구별되는 특징이 무엇인지 말하기가 쉽지 않다. 법가에서 말하는 '법法' 개념은 오늘날 우리들이 일반적으로 사용하고 있는 '법' 개념과 다른 그 무엇으로, 일부는 유가의 도덕규범과 겹치며, 일부는 도가의 내용(그 중에서 이른바 '황로黃老'라고 호칭되는 학파)과 중복된다.

법가에서 말하는 세勢, 술術 그리고 법法 개념은 유가 혹은 도가에도 존재하며, 역사적으로는 유가의 지배자들이 즐겨 활용하였던 방법들이다. 무릇 지배의 원칙에는 그 성격과 강도에 있어서 차이가 있지만, 이와 같은 지배 수단이 공존하였음은 동서의 역사가 증명하고 있다. 그러므로 딱히 '이것이 법가이다'라고 말하기 어려운 점이 있다.

이와 같은 관점에서 학파로서의 법가의 존재를 부정하는 학자도 있다. 그러나 인접하는 색깔이 존재함에도 빛의 색깔을 일곱 가지로 구분하듯이, 필자는 법가의 존재는 그 나름대로 의미가 있다고 판단한다. 이제 중국 고대사상의 특징을 자연 상태의 색깔을 놓고 비유하기로 하자.

먼저 도가의 색깔을 노란색으로 비유할 수 있다. 황색은 과연 도가의 색깔이다. '황로'라는 이름처럼 도사의 복장에는 노란색이 쓰이고, '무위이치無爲而治'를 앞세우는 역대 황제들의 복장 또한 노란색이다. 황제는 동서남북의 사방 가운데 중앙에 위치한다. 오행을 놓고 말하면 황제의 위치는 '土'에 해당한다(『천자문』의 처음에 등장하는 '천지현황天地玄黃'은 말을 바꾸면 '천현지황天玄地黃'이므로, 황제는 당연히 땅의 중심에 위치하며 그 색깔은 땅의 색깔, 즉 노란색이다).

　검정색은 묵가의 색깔이다. 묵자墨子의 '묵'은 얼굴에 먹물을 들였다는 뜻인데, 과연 중국의 먹물은 언제나 검정색이다. 묵가 학파는 또한 협사俠士, 즉 조폭들로 구성되어 있는데, 이들이 흑색선전과 흑색활동을 한 점에서 검정색의 자격이 주어진다. 묵가는 조직을 중시하고, 조직의 '검은 윤리'에 충성을 맹세한 자들이고, 또한 검정색 옷을 즐겨 입었을 것으로 추정한다.

　유가는 어떤 색깔일까? 파랑색 혹은 남색 정도로 규정하면 무난할 듯싶다. 젊은 날 청운의 꿈을 가지고 세상을 경영하고자 과거 시험에 응하는 선비들의 마음이 그러할 것이다. 그러나 일단 영달하고, 관복을 입으면 색깔이 다양해진다. 사실 유가는 완고한 고집쟁이처럼 보이지만, 융통성이 많은 학파이다(공자의 유가가 융통성이 많다는 의미이고, 주희朱熹 유가는 완고하고 고집쟁이의 성격을 지니고 있다. 필자는 즈선시대 이 땅의 독서인, 즉 지식인들이 공자 유교의 정신을 잃고 주희 유교, 즉 성리학만을 고집하여 포용성을 상실하고 오로지 옹고집으로 무장하였다고 진단한다). 유가는 겉으로 인의 도덕을 내세우지만, 속으로는 법가의 법과 묵가의 정치 및 경제관념을 활용하고 있다. 이와 같은 유가의 융통성으로 말미암아 중국 역사를 통하여 오랫동안 지배구조를 확보하였다고 말할 수 있다.

법가는 무슨 색일까? 법가는 실천적 측면에서 공포정치를 펼쳤고, 이에 따라 피를 많이 흘렸으므로 빨강색일 수 있다. 그러나 필자는 법가의 색깔을 빨강색과 노란색의 간색, 즉 주황색 정도로 진단한다. 법가는 도가와 많이 닮아 있다. 만일 『도덕경』을 권력 지향성 권모술수의 측면에서 이해한다면, 법가는 주황색이 될 확률이 더욱 높다. 이때의 주황색은 짙은 황토색으로 보아야 하겠다.

인간의 사상 경향을 놓고 딱히 한 가지 색깔을 고집하는 일은 현실적이지 않다. 지사志士도 한때의 지사요, 영웅도 한때의 영웅이다. 그 색깔이 무엇이든 고대 중국의 사상사를 이해하려고 마음먹은 독자는, 그래서 권력이 무엇이며 그것이 어떻게 집행되는 것이 효과적인지에 대하여 관심을 가진 사람은 『한비자』에 대하여 주의를 기울일 필요가 있다. 그와 같은 점에서 『한비자』는 이 시대에도 존재하고, 읽을 가치가 충분히 있는 책이다.

물론 『한비자』에 보이는 법가사상을 모든 시대에 적용되는 통시대적通時代的 사상으로 볼 수는 없겠다. 이는 중국 고대의 춘추-전국 시대라는 한계에서 발생하고 성장한 것이다. 이 사상은 동시에 공간적으로도 제약을 받는다. 법가가 성행하였던 중국의 서북쪽, 즉 현재의 섬서성 일대는 사막 기후(건조 지역)에 가깝고 물산이 풍성하지 못한 곳이다. 이곳은 유가儒家가 탄생한 등쪽의 산동 지역과, 도가道家의 발생지인 장강長江 이남 지역과는 상당히 풍토가 달랐다.

지리 및 경제적 측면에서 본다면, 진령秦嶺 산맥의 북쪽은 밭작물만이 성행하고, 미작米作은 남쪽에서나 가능한 일이었다. 최근에는 종자 개량 등의 노력으로 쌀농사가 북쪽에서도 가능해졌지만, 고대에는 진령 산맥(일명 종남 산맥)은 밭곡식과 쌀농사를 가르는 중요한 지리적 장벽이었다[현대 한국인을 놓고 말하면, 밭곡식만을 먹고 자란 세대가 쌀을 먹고 성장한 세대보다 전투력, 추진력, 성취력에 있어서 헝그리 정신이 강하다고 추정해 본다. 1960년대 한국의 젊은 세대는 '보릿고개'를 경험하였고, 쌀밥 한 번 먹기가 평생 소원인 경우가 많았다. 이들은 헝그리 정신으로 무장하고,

70년대 '한강의 기적'이라고 부르는 경제 성장을 이룩하였다. 쌀이 천대받아(?) 남아돌아가는 80년대 이후 젊음을 보낸 세대는 헝그리 정신이 결핍된 것으로 보인다].

이와 같은 상황을 놓고 볼 때 진秦의 지도자들이 척박한 환경으로 인하여 유목민에 가까운 심리 구조를 갖게 되고, 이 때문에 법가의 철학이 공격적이고, 매섭고, 차가운 구조를 지니게 되었을 것으로 판단한다. 그들에게는 살아남는 일이 절대의 현실이고, '예의염치'를 강조하는 유가처럼 여유를 부릴 수 있는 상황이 아니었다.

법가철학 및 한비의 사상이 통시대적인 것이 아니라고 해서 이를 전면 부정할 수는 없다. 20세기 현대 사회는 어떤 점에서 '新춘추전국시대'라고 말할 수 있다. 그러므로 『한비자』에 보이는 법가사상을 오로지 중국에 국한되는 사상으로 폄하할 수만은 없다. 척박한 환경에서 살아남기 위하여 법가가 보여준 조직력, 집단을 끌고 가는 추진력 그리고 강인한 정신력을 이 시대 우리 땅의 정치가, 군인, 혹은 조직의 최고경영자(CEO)들은 눈여겨 살펴볼 필요가 있다고 믿는다.

　큰 강이 여러 갈래의 지류支流를 품고 흐르듯이, 법가사상은 여러 인물들의 덕분으로 커다란 흐름을 형성할 수 있었다. 우리가 관심을 집중해서 검토하려고 하는 인물 한비는 법가사상의 집대성자로 알려져 있다. 그러므로 법가의 존재가 의미가 있고, 그 사상이 반면교사로 도움이 된다면, 우리는 그 대표적 인물 한비자에 대하여 연구하고, 그의 사상을 표현한 『한비자』를 품에 껴안고 읽어야 할 것이다. 고전이란 혈색을 잃고 골동품처럼 박제된 상태로 존재하는 것이 아니고, 언제나 다시 살아나서 교훈을 줄 수 있는 것이라야 한다고 믿는다. 독자 여러분의 질정을 바란다.

2012년 8월 말복末伏
전북대학교 연구실에서
황준연

| CONTENTS |

전 론 前論

중국 고대 사상 개요
— 사마담司馬談의 6가 요지

고대 중국의 춘추-전국 시기에는 별처럼 많은 사상가들이 나타난다. 왜 이 시기에 특별하게 많은 사상가들이 출현하였는지는 자세히 알 수 없다. 독일 철학자 칼 야스퍼스Karl Yaspers는 B.C. 600~B.C. 200년 사이, 동양과 서양을 막론하고 많은 위대한 인물들이 한꺼번에 쏟아져 나온 사실을 놓고 이 시기를 "The Axial Age"라고 이름 붙였다. 이는 동양 언어로 '기축基軸 시대' 혹은 '축심軸心 시대'라고 번역되고 있다. 이는 인류 사상사의 측면에서 매우 의미 있는 시기라고 볼 수 있다.

중국철학사에서는 이 시기를 '제자백가'의 시대라고 부른

다. '제자백가'의 '제諸'는 복수의plural 뜻이고 '子'는 일가—家,
master 혹은 school를 이룬 사람을 말하며, '백가'는 그들이 100여
명에 달한다는 말이다. 여기서 필자는 100여 명에 달하는
사상가를 모두 훑어볼 여유가 없고, 대표되는 6가六家만을
살펴보기로 한다.

한漢의 역사가 사마천司馬遷의 『사기史記』 권130, 「태사공자서
太史公自序」에 다음과 같은 기록이 전하고 있다.

태사공[1]은 당도唐都로부터 『천관서天官書』를 배웠다. 양하楊何
로 부터 『주역』을 전수받았고, (황로학에 밝은) 황생黃生으로
부터 도가의 이론을 익혔다. 태사공이 벼슬한 것은 건원建元,
B.C. 140~B.C. 135과 원봉元封, B.C. 110~B.C. 105 사이인데, 배우는
자들이 학파의 뜻을 알지 못하고 스승의 뜻에 위배될 것을 근
심하여, 이에 6가 요지를 밝혔다. 『주역』「대전大傳」[2]은 말한
다. "천하의 진리는 하나인데, 사고 방법은 가지각색이며, 목
적지는 모두 같으면서 가는 길은 서로 다르다"라고 하였다.
대저 음양가, 유가, 묵가, 명가, 법가, 도가는 모두 세상을 잘
다스리려는 것들이다. 다만 그들이 말하는 입장이 다르기 때

문에, 살펴볼 만한 것이 있거나 혹은 그렇지 않은 것이 있다

『사기』 권130, 태사공자서.

(이하 사마천의 인용문이 계속되고 있다. 필자는 설명의 편의와
내용을 강조하는 의미에서 본문으로 처리한다.)

1) 음양가陰陽家의 학술을 살펴보건대, 월령月令 혹은 별자리는
지엽적인 것이지만 꺼리는 것이 많다. 사람들로 하여금 구애
받고 날자와 시간에 구속되어 두려워하게 한다. 그렇지만 춘
하추동 4계절을 배치한 순서는 놓쳐서는 안 되겠다.

2) 유가儒家는 넓은 것을 추구하면서 요점을 파악하지 못한
다. 힘은 들이지만 공로는 적다. 그들의 학설을 추종하기 곤
란하다. 그러나 군주와 신하, 아버지와 아들의 예절 그리고
남편과 아내, 어른과 어린이를 구별하였다. 이것은 바꿀 수
없다.

3) 묵가墨家는 지나치게 검소한 생활을 주장하여 사람들이 좇
을 수 없다. 그들이 하는 일을 두루 따라갈 수는 없으나, 근본

(산업)을 강조하고 절약을 실천하였다. 비용을 절약하자는 이야기는 폐기할 수 없다.

4) 법가法家는 가혹할 정도로 엄격하고 은정恩情이 없다. 군주와 신하 그리고 윗사람과 아랫사람의 직분을 바로잡았다. 이것은 고칠 수 없다.

5) 명가名家는 사람들로 하여금 예禮를 알게 하고 또한 명칭에 구속되어 진실성을 잃게 한다. 그러나 그들은 명名과 실實의 관계를 바로잡았으니, 살펴볼 필요가 있다.

6) 도가道家는 사람으로 하여금 정기[精]와 정신을 한군데로 전념하게 하고, 행동을 무형의 도道에 합치하게 하였다. 또한 만물을 풍성하게 한다. 그들의 학술은 음양가의 4계절 운행의 순서에 의거하고, 유가와 묵가의 장점을 선택하고, 명가와 법가의 요점을 취하였다. 시대와 더불어 발전하고, 사물에 응하여 변화한다. 풍속을 세우고 일을 처리함에 마땅하지 않음이 없다. 요지가 간단하여 시행하기 쉽다. 힘은 덜 들이고 공로

는 크다. 유가는 그렇지 않으니 군주를 세상의 의표儀表, 법도로 생각한다. 군주가 위에서 제창하면 신하는 화답하고, 군주가 앞서가면 신하는 뒤를 따른다. 이렇게 하면 군주는 수고스럽지만 신하는 편안하다. 도가에서 말하는 대도大道는 '수컷을 알고 암컷을 지키라는 것'과 '현명함(혹은 보물)을 숭상하지 말라는 것'이다. 유가는 이러한 것에 유의하지 않고 다만 지혜에 의지하여 세상을 다스리고자 한다. 대저 인간의 정신은 지나치게 사용하면 쇠하여 다하고, 육체는 크게 피로하면 피폐해진다. 몸과 정신이 모두 망가지면서 천지와 더불어 장구長久하기를 바란다는 말을 나는 들어본 적이 없다.[3]

이상은 중국 고대의 역사가 사마천의 『사기』 인용문이다. 우리는 6가 중에서 도가에 대한 설명이 가장 길다는 점에 주의할 필요가 있다. 필자는 사마천이 개인적으로 도가에 흥미를 느낀 것으로 믿는다. 이는 사마천이 황로학黃老學[4]을 배웠다는 점과, 도가의 영향력이 소멸되지 않고 있음을 말해준다. 도가를 설명하면서 유가를 빗대어 설명한 것은 그의 시대가 유가가 득세하던 때임을 암시하고 있다.

중국 사상사에 있어서 6가 중에서 오직 유가(혹은 유교)만이 정통을 확보하고 홀로 존중받게 된 까닭은 한漢 무제武帝 때 동중서董仲舒의 건의에 의한 것으로 알려져 있다. 유가는 이때부터 세상을 만났고, 중국의 역사를 통하여 청나라 말기까지 지배적인 사상으로 군림하였다. 필자의 분석으로는 사마천(혹은 사마담)은 법가에 대하여 크게 비중을 두지 않은 듯하다. 그는 법가를 엄격하고 은혜로운 정서(은정)가 없다고 말하고, 사상사의 중심에서 소외시켰다. 현대 한국의 철학자 김충렬 교수에 의하면, 유가는 정면正面철학으로 예를 중시하며, 안으로 도덕적 수양(이를 '내성內聖'이라고 표현한다)을 강조하는 사상체계이다. 이에 대하여 법가는 반면反面철학으로 법을 중시하고 외부적 권력(이를 '외왕外王'이라고 표현한다)을 지향하는 사상 체계이다. 이는 중국철학사에 있어서 양陽과 음陰의 관계를 이루고 있다고 그는 주장한다이상 김충렬, 『중국철학사 1』.

이상의 이야기는 유가 및 법가의 성격을 간명하게 정리한 발언이다. 이제 우리는 법가에 대해서만 관심을 집중하기로 하자. 위에서 "법가는 가혹할 정도로 엄격하고 은정이 없다.

군주와 신하 그리고 윗사람과 아랫사람의 직분을 바로 잡았다. 이것은 고칠 수 없다"라고 하였다.

법가가 가혹하고, 은정이 없다고 함은 이 학파를 대표하는 한비韓非라는 인물이 가혹하고 은혜로운 심정이 없었다는 말과 통한다. 왜 법가는 '가혹하다' 혹은 '은혜로운 정서 곧 은정이 없다'라는 평가를 받았을까? 이는 국가와 사회의 질서를 위하여 필요한 법이 가혹해야 마땅하고, 은혜로운 정서를 베풀 필요가 없다는 주장과 통한다. 그렇게 주장하는 사람들이 있었고, 그들의 무리가 하나의 집단(학파)을 이루었다고 볼 수 있다. 가혹한 법가 혹은 은정이 없는 법가가 좋은가 나쁜가 하는 문제는 차원을 달리한다. 우리는 이제 그와 같은 주장을 펼친 대표자로서 한비의 인물과 사상을 살펴보도록 한다.

제1장
한비(韓非)는 어떤 사람인가?

세간에서 한비자韓非子라고 부르는 인물 한비韓非, B.C. 280~
B.C. 233는 한韓나라의 귀족으로 태어났다. 한나라는 현재 섬
서성 한성시韓城市를 중심으로 존재하였던 것으로 알려져 있
다. 서양인들은 공자를 라틴어 'cius'를 사용하여 'Confucius'
라고 호칭하고, 맹자를 'Mencius'라고 부르고 있지만, 한비
에 대하여는 중국어(한어) 발음을 따라서 'Han Fei Tze'라고
부른다.[5] 한비는 순자荀子 및 혹은 이사李斯와 동 시대의 인물
로 알려져 있다. 그는 이사와 함께 순자에게서 동문수학하
였다. 그러므로 이사는 그의 학우였고, 순자는 학문적 스승
이었다. 그는 생래적으로 말더듬이였던 까닭에 인간관계는

원만하지 못하였다. 그러나 문장력은 매우 뛰어났다. 한비
에 관하여 가장 믿을 만한 기록은 사마천의 『사기』이다. 이
책에서 사마천은 다음과 같이 서술하고 있다.

한비는 한韓나라의 공자公子이다. 형명刑名과 법술의 학문을
좋아하였으며, 그 근본은 황로학으로 돌아간다. 위인이 선천
적으로 말더듬이였기 때문에 말을 잘하지는 못하였으나, 저
술은 잘 하였다. 이사와 함께 순자에게 배웠다. 이사는 자신
의 재주가 한비보다 못한 것으로 생각하였다. 한비는 한 나라
가 쇠미하여짐을 보고 여러 차례 글을 올려 한왕韓王에게 간
언하였으나, 한왕은 그의 의견을 채택하지 않았다. … 한비
는 유학자들은 나라의 법도를 어지럽히고, 협사俠士의 무리는
무력으로 나라에서 금하는 명령을 범하고 있다고 하였다. …
그래서 한비는 청렴하고 강직한 인물들이 사악한 권력 있는
신하들에게 배척당하는 것을 슬퍼하여, 옛적 정치의 성패와
득실의 변천을 관찰하고「고분孤憤」,「오두五蠹」,「내외저內外
儲」,「세림說林」,「세난說難」등 10여 만자의 글을 저술하였다

『사기』 권63, 노자한비열전.

한비는 이와 같이 형명·법술의 학문을 좋아하였으며, 근본은 황로학에 있었다. 그는 뛰어난 재능을 가졌으나, 천성적으로 말더듬이였던 까닭에 '지체부자유한 인물'이었다. 그의 신체적 결함은 잠재적인 열등감으로 작용하고, 이는 보상심리로 강한 권력의지를 갖게 하였다.

한비가 처한 시대적 제약과, 불구에 가까운 신체적 부자유는 정신적으로 여유로운 심정을 가질 수 없게 만들었다. 그는 따뜻하고 부드러운 마음을 소유할 수 없었고, 표독하고 사나운 심정으로 무장되었다. 그러므로 생애를 통하여 양보 없는 투쟁으로 일관되었다. 이러한 인간형은 자수성가형 타입으로 남에게 손을 빌리는 일이 없고, 오로지 자신의 힘만으로 살아남아야 한다는 절대적 명제 아래 존재할 수밖에 없었다.

『주역』 산뢰이山雷頤 괘사에 다음과 같은 글이 전하고 있다.

이頤는 정길貞吉하니, 관이觀頤하며 자구구실自求口實이니라.

이 구절은 "'이'괘는 점을 물으면 길하다. 턱을 보아라. 스스로 음식을 찾아야 한다"라고 번역된다황준연, 『실사구시로 읽는 주역』 참고. 한비는 언제나 이빨을 깨물고, 턱을 내리꽂고, 스스로 먹거리를 찾아서 살았을 것이다. 한비는 광야의 한 마리 이리[狼]처럼 어슬렁거리고 방황하며, 혹은 지기知己를 혹은 권력자에 손을 대줄 거간꾼을 찾았을 것이다. 그러나 그가 주위 사람들에게 인정받았다는 증거가 별로 없다.

하지만 어쨌거나 재주가 뛰어난 인물은 호주머니에 들어 있는 송곳처럼 결국 드러나게 마련이다. 어떻게 한비의 저술이 진시황의 손에 들어갔다. 진시황이 그의 저술 중 일부를 읽고, 그를 등용하고자 찾았다. 다시 사마천의 입을 빌려서 한비의 운명에 대하여 알아본다.

어떤 사람이 한비의 저서를 가지고 진秦나라에 갔다. 진시황은 한비의 「고분」, 「오두」 2편의 문장을 보더니, "아! 과인이 이 사람을 만나서 그와 사귈 수 있다면 죽어도 여한이 없겠다"라고 말하였다. 이사가 "이것은 한비가 저술한 책입니다"라고 말하였다. 진나라는 급히 한나라를 공격하였다. 한왕韓王은 처음에는 한비를 등용하지 않았으나, 상황이 급해지자 한비를 진나라에 사신으로 파견하였다. 진시황은 한비를 좋아하였으나 아직 신용하지 않았다. 이사와 요고姚賈는 한비를 시기하여 이렇게 비난하였다. "한비는 한나라의 공자입니다. 지금 왕께서 천하를 통일하려고 하시는데, 한비는 결국 한나라를 위하여 일하고 진나라를 위하지 않으리라는 것은 사람의 상정常情입니다. 그러나 지금 왕께서 그를 등용하지 않고 오랫동안 억류하였다가 돌려보낸다면 이는 스스로 후환을 남기는 일이오니, 차라리 잘못을 이유로 법대로 처형하시는 것이 좋을 것입니다." 진시황은 그 말을 옳다고 여기고, 옥리獄吏에게 한비를 넘겨서 처리하도록 하였다. 이사는 사람을 시켜서 한비에게 사약을 보내어 자살하도록 하였다. 한비는 직접 진시황에게 진언하고자 하였으나, 그를 만날 길이 없었다. 나중에 진시황은 이를 후회하고 사신을 보내어 한비를 사면하려고 하였으나, 한비가 이미 죽은 뒤였다『사기』 권63, 노자한비열전.

필자는 동문수학을 하였던 이사가 한비의 재주에 대하여 질투하고 그를 죽이자고 한 것인지, 아니면 이사의 진시황에 대한 충성심이 강하고 진실로 진나라의 장래를 걱정하여 한비를 죽이자고 한 것인지에 관하여 알 수 없다. 아무튼 이사와 입을 맞춘 간신 요고는 한비를 한국의 간첩이라고 무고하고, 그를 죽여야 한다고 건의하였다. 그래서 한비의 운명이 결정되었다. 그는 감옥에서 사약을 마시고 죽었다.

인류 역사상 재주 있는 인물들이 모함에 의하여 죽은 일은 한두 차례가 아니었다. 한비의 죽음을 놓고 모든 책임은 진왕秦王(훗날의 진시황)에게 돌아간다고 본다. 진시황이 과연 사람을 보는 눈이 정확하였다면, 그래서 믿는 인물을 끝까지 믿고 등용하였다면 한비는 억울하게 죽지 않았을 것이다. 여자는 사랑에 대하여 끝까지 질투하고, 남자는 자기보다 잘난 인물의 등용 내지 출세에 대하여 본능적으로 질투하고 그들을 제거하려고 하였던 것이 역사에서 우리가 배우는 진리가 아니었던가?

제 2 장
『한비자』는 어떤 책인가?

한비는 비록 질투와 시기에 불탄 친구에게 죽임을 당하였으나, 10만 자에 달하는 명작 『한비자』를 남겼다. 한비의 저술은 『한자韓子』 혹은 『한비자』라고 호칭되고 있다. 이 책은 정본定本이 없고 『한서』 예문지, 『수서』 경적지 등에 이름과 편명만이 전하고 있다.

『한비자』 통행본이 몇 편 전해 내려오고 있다. 명明대 『정통도장』(만력 10년, 1582년)에 전하는 『관한합각본管韓合刻本』, 청淸대 『한안합편본韓晏合編本』(가경 23년, 1818년), 청대 인물 왕선신王先愼이 고증攷證한 『한비자집해韓非子集解』(광서 22년, 1896), 1960년 중화서국이 편찬한 『한비자천해韓非子淺解』梁啓雄

찬, 1974년 상해인민출판사의 『한비자집석韓非子集釋』陳奇猷 찬 등이 그것이다. 이와 같은 통행본 가운데, 1998년 중화서국이 편찬한 신편제자집성 왕선신王先愼의 『한비자집해韓非子集解』가 학계의 정본으로 인정되고 있다.[6]

중국 고대 문헌 가운데 『한비자』만큼 착간錯簡이 적은 책도 드물다. 그럼에도 이 책 가운데 몇 편은 그의 이야기가 아닌 것으로 생각된다. 『한비자』는 비록 후대에 일부 타인의 견해가 섞이게 되었으나, 불후의 명저임에 손색이 없다. 이 점을 놓고 보면, 그를 죽음으로 몰아넣은 이사는 잔머리를 굴릴 줄 알았으나, 남아 있는 저술이 없다. 후인의 입장에서 보면 한비자가 진정한 승리자이다.

『한비자』는 전서 55편으로 구성되어 있다. 선진先秦 시대 대부분의 저술이 그러하듯이 이 저술은 현대적 개념의 논리적 체계를 갖춘 저술이라기보다는 잡다한 논설 혹은 관점의 집합이라고 이해해야 한다. 여기서는 55편의 내용을 대략 10조組로 나누어 설명하고자 한다.

1조) 「오두五蠹」, 「팔설八說」, 「육반六反」, 「궤사詭使」, 「망징亡徵」

이 5부 저술은 한비의 논점이 중요하게 갖추어져 있다. 각종 사회현상을 정밀하게 분석하고 논술하고 있으며, 법치와 세勢 및 술術에 관한 이론이 제시되고 있다. 그중에서도「오두」는 일종 진화론적 역사관에 근거하여 역사의 발전적 성격에 대하여 명쾌하게 논술하고 있다.

2조)「간겁시신姦劫弑臣」,「세의說疑」,「애신愛臣」,「팔간八姦」,「비내備內」

이 5부 저술에는 권세 있는 신하, 총애 받는 자들이 왕권의 통치에 위협이 됨을 서술하고 있다. 그들의 권모술수가 적나라하게 설명되고 있는 점은 군주와 신하 사이는 골육의 친한 사이가 아니고, 서로를 이용하는 관계라는 점에 근거를 두고 있다. 그러므로 군주는 신하를 믿어서는 안 되고, 언제라도 경각심을 지녀야 함을 강조하고 있다.

3조)「고분孤憤」,「세난說難」,「난언難言」,「화씨和氏」,「인주人主」,「문전問田」

이 6부 저술에서는 정치를 진행함에 있어서 법치의 곤란한 점을 서술하고 있다. 동시에 이상 저술에서는 이른바 기득권 세력의 완강한 저항 및 세력의 대립 등이 제시되고 있다.

4조)「팔경八經」,「정법定法」,「유도有度」,「심도心度」,「수도守道」,「제분制分」,「칙령飭令」,「이병二柄」,「남면南面」,「용인用人」,「안위安危」,「삼수三守」,「난세難勢」,「공명功名」

이 14부 저술에서는 한비의 정치철학이 구체적으로 서술되고 있다. 「팔경」과 「정법」에서는 법, 세, 술 3 방면의 대강을 서술하였고 나머지 12편은 구체적으로 중점 사항을 열거하고 있다. 본편 저술에서 한비는 술術의 명분을 좇아서 공효(효과)를 구하는 이른바 '순명이책실循名而責實'에 대하여 설명한다. 그리고 법이란 관부官府에 드러내 보여야 한다는 점을 강조한다. 또한 14부의 저술에서 법, 술, 세의 상호 이용에 대하여 말하고 있다.

5조) 「현학顯學」, 「충효忠孝」, 「식사飾邪」, 「문변問辯」

  이 4부 저술에서 정치이론의 일부분을 설명하고 있다. 그는 당대 유가 이론의 인仁·의義·예禮에 대한 교설을 비판한다. 또한 여기에서 한비는 묵가 이론도 비판한다. "유가는 문文을 내세움으로써 법을 그르치고, 묵가[협사]는 무武로써 나라에서 금하는 명령을 그르친다"라는 한비의 말은 4부 저술의 결론이다.

6조) 「양권揚權」, 「주도主道」, 「해로解老」, 「유로喻老」, 「대체大體」, 「관행觀行」

  이 6부 저술은 한비의 철학사상이 서술되고 있으며, 직접 황로黃老 학파의 사상과 관련이 있다. 특히 「해로」편에서 한비 철학 개념의 최고 카테고리이며, 동시에 만물의 시원이며 생성의 원리로서 '도'를 규정하고 있다. 그는 또한 「유로」편에서 노자 『도덕경』 일부에 대하여 역사적 사례를 들어가며 비유적으로 설명하고 있다.

7조) 「난일難一」, 「난이難二」, 「난삼難三」, 「난사難四」

이 4부 저술에서는 변론의 어려움이 서술되고 있다.

8조) 「내저설상內儲說上」, 「내저설하內儲說下」, 「외저설좌상外儲說左上」, 「외저설좌하外儲說左下」, 「외저설우상外儲說右上」, 「외저설우하外儲說右下」, 「십과十過」

여기의 내외, 상하 6부 저설儲說은 역사상 고사와 민간전설을 인용하여 그 공효를 논하고 있다. 「십과」는 한비의 저술이 아닐지 모른다는 의심을 사고 있다.

9조) 「세림상說林上」, 「세림하說林下」

이 2부 저술에서는 한비 사상의 원시 자료를 모은 것이다.

10조) 「존한存韓」, 「초견진初見秦」

본 2부 저술은 한비의 저술이 아니며, 타인의 저술이 편입된 것이라는 평가를 받고 있다. 일종의 부록과 비슷한 것으로 파악된다.

저술로서의 『한비자』를 놓고 볼 때, 한비는 유가(순자의 학문)와 도가(황로학)를 섭렵하고, 법가의 학설을 집대성한 점에서 중국철학사에 있어서 불멸의 공로가 있다. 한비 이전의 법가는 세 가지 경향을 띠고 있는데, 신도愼到라는 인물이 주관한 '세勢'의 이론, 신불해申不害가 주도한 '술術'의 논리, 그리고 상앙이 주도한 '법法'의 이론이 그것이다. 한비는 『한비자』에서 세 가지를 종합 집대성하였다.

제 3 장

한비에게 영향을 준
법가의 선구자들

1. 관중管仲

'음수사원飮水思源'이라는 말이 있다. 물을 마시는 사람은 그 물이 어디에서 솟아나는지 생각할 필요가 있다는 뜻이다. 하나의 사상체계로서 '법가'가 존재하였다면, 우리는 그 근원이 어디에 있는지를 돌아볼 필요가 있다.

법가의 선구자들 가운데 최초의 인물로 관중管仲, B.C. 710?~B.C. 645을 손꼽는다. 그의 이름은 이오夷吾이며, 자字가 중仲이다. 그는 제齊나라의 정치가로서 환공桓公을 도와서 큰 업적을 이룬 것으로 알려져 있다. 그는 공자보다 1세기 앞선 인물로, 그의 업적에 대하여 공자도 언급하고 있다.

자공子貢이 말하였다. "관중은 어질지 못한 사람이 아닌가요? 환공이 공자公子 규糾를 죽였을 때, 따라 죽지 않고 오히려 환공을 돕지 않았나요?" 공자는 말하였다. "관중이 환공을 도와서 제후들을 휘어잡고, 온 세상을 하나로 바로잡아, 백성들은 지금까지도 그 은덕을 입고 있다. 만일 관중이 아니었더라면, 아마 나도 (오랑캐처럼) 머리를 풀어헤치고 옷깃을 왼쪽으로 돌리고 있을 것이다"『논어』헌문편.

이 구절 전후의 주희朱熹 집주본과 사마천『사기』「제태공세가齊太公世家」및「관안열전管晏列傳」의 내용에 의하면, 관중은 소홀召忽과 함께 공자 규를 모시고 있었다. 환공이 공자 규를 죽이자, 소홀은 의리를 존중하여 규를 따라서 죽었다. 그러나 관중은 죄인을 자처하고 죽지 않았다. 자공은 관중의 행위를 비굴하다고 생각하였고 그래서 어질지 못하다고 판단하고, 스승 공자에게 의견을 물은 것이다.

공자는 (아마도 자공이 기대하였던 대답과는 어긋나게) 공자 규를 따라서 죽지 않고, 환공에게 죄수가 되기를 자청한 관중을 당시 도덕규범과는 다르게 판단하고 그가 남긴 공로를 인정하고 있다. 대저 관중의 공로란 무엇인가? 그의 공로를 김충렬은 "임금을 돕고, 오랑캐를 물리치다"라는 뜻의 '존왕양이尊王攘夷'로 표현하고 있다.

관중은 환공을 도와서 융적戎狄의 침입을 막고 중원을 지켰으며, 동시에 중국의 화하華夏 문화를 지킨 대정치가라고 한다. 이상의 사실만을 놓고 본다면, 관중을 유가와 구별할 이유가 없어진다. 유가의 장군들도 융적을 물리치고, 중원 문화를 지키는 데 힘을 기울였기 때문이다. 공자의 제자 자로子路가 장수로서 전쟁에서 싸우다가 죽었듯이, 유가라고 해서 장군이 없었던 것이 아니고, 군대의 중요성을 가볍게 여긴 것도 아니다. 유가 교육 과정인 6예六藝 가운데 활쏘기射가 있고, 또한 말타기御 등이 있다.

문화사적인 측면에서 고찰하면, 관중이 융적을 막고 중원을 지켰다는 것은 목축을 주로 하는 유목 문화로부터 농업을 통한 정착 문화를 지켰다는 의미를 갖는다. 어느 문화가 우월한 것인지는 물론 진단할 수 있는 문제가 아니다. 문제는 관중에 관한 기록이 정착 문화에 길들여진 유가의 사관史官에 의하여 작성되었다는 점에 있다.

여기서 한 가지 짚고 넘어갈 사항은 『관자管子』라는 저술의 관중과의 연관성 문제이다. 학자들 사이에서 『관자』는 관중의 저술이 아니라는 견해와, 관중과 연결되어 있다는 견해로 나뉘어 있다. 전자의 주장은 중국 현대철학자 호적胡適이 『관자』를 관중의 위탁이라고 단정적으로 주장함으로써 힘을 얻고 있다. 그러나 종합적인 판단을 내린다면, 『관자』를 관중과 전혀 무관한 것이라고 볼 수는 없다.[7]

필자는 중국 고전의 서지학 방면에서 가장 신빙성 있는 『한서漢書』「예문지」와 『수서隋書』「경적지」의 기록에 근거하여 『관자』를 도가와 법가의 혼합된 작품으로 보며, 86편 가운데 의심스러운 부분이 존재하지만, 관중과 무관하지는 않다고 결론짓는다.

관중의 사상은 유가와 흡사한 점이 있다. 그러나 그가 법가의 선구자의 한 사람으로 불리는 까닭은 "법으로써 나라를 다스려야 한다以法治國"라고 강력하게 주장하고 있기 때문이다. 법에 대한 관중의 주장 가운데 대표적인 몇 가지를 나열해본다(이하 언급하는 내용은 모두 안창요의 『관자교석』에 의한다).

○ 법이란 인민을 하나로 결속시켜서 온 세상을 명령하는 것이다『관자교석』권 15, 임법.

○ 법이란 이른바 공功을 일으키는 것이요, 폭력을 두렵게 하는 것이다『관자교석』권17, 칠신칠주.

○ 다섯 가지 형[五刑]을 만들어 정하여 각기 그 이름에 합당하게 하고, 죄인으로 하여금 원망하지 않게 하고, 착한 사람들로 하여금 놀라지 않게 하는 것이 법이다『관자교석』권17, 칠신칠즈.

○ 법이란 온 세상의 의표儀表. 모범이다. 의문 있는 것을 확실하게 하고, 시비를 밝히는 것이다『관자교석』권17, 금장.

이상에서 말하는 법은 일종의 사회제도 혹은 정치제도의 기준 혹은 규범으로 작용하는 그 무엇이다. 그것은 넓은 의미에 있어서 유가의 예禮를 내포하면서 동시에 형벌의 의미를 담고 있다. 그러므로 관중이 말한 '이법치국'은 나라를 다스리는 자는 유가의 '예'를 넘어서 그 이상의 기준을 적용해야 한다는 뜻이다. 이와 같은 주장이 관중을 법가 선구자의 한 사람으로 볼 수 있는 근거이다.

이 경우의 법은 인민에게 봉사하는 법이 아니고, 인민의 손에 의해서 제작되는 것도 아니다. 법을 만드는 사람은 어디까지나 군주이고 법이란 군주의 편의를 위해서 탄생한다. 그러나 법을 오직 군주의 욕심만을 채우는 수단으로만 볼 수는 없다.

(법의) 요구가 지나치면 도리어 얻는 것이 줄어들고, 금지하는 것이 도를 지나치면 도리어 위반자가 늘어난다. 명령하는 일이 너무 많으면 실행하는 자가 적게 된다『관자교석』 권6, 법법.

위 구절에서 후반의 "명령하는 일이 너무 많으면 실행하는 자가 적게 된다"라는 말은 『도덕경』 제5장 "명령(법령)하는 일이 많으면 자주 막히니, 중中을 지키는 것만 못하다"라는 말과 통한다.[8]

관중에 의하면, 법은 반드시 공포되어서 인민이 알 수 있게 해야 한다. 같은 주장이 훗날 상앙商鞅(공손앙) 및 한비에게 전승되고 있다. 법이 공포되어 인민이 알 수 있게 해야 한다는 주장은 현대 실정법상의 성문법주의와 통하는 바 있다.

> 법령을 공포하고, 상賞으로 선행을 장려하고, 형벌로 악을 억눌러야 한다. 그렇게 되면 인민은 모두 선행을 좋아하게 되고, 난폭한 행위는 자취를 감추게 된다『관자교석』 권 1. 권수.

상벌은 상앙 및 한비가 함께 강조하고, 중요하게 여기는 사항이다. 관중이 후대의 학자 및 정치가에게 미친 영향력이 어떠하였는지 구체적으로 알 수는 없으나, 그가 법가의 선구적 역할을 맡고 있음은 인정할 수 있다. 『한비자』에 다음과 같은 내용이 전하고 있다.

> 나라를 다스리는 법술에 상벌이 있음은 마치 땅위를 달리는 마차에 뛰어난 말[馬]이 있음과 같고, 물 위를 가는 선박에 튼튼한 노가 있는 것과 같아서, 이에 올라탄 사람들은 곧 목표에 도달할 수 있다. 이윤伊尹을 만남으로써 탕湯 임금은 왕 노릇을 하였고, 관중을 얻음으로써 제나라는 으뜸가는 나라가

되었고, 상군商君을 얻음으로써 진秦나라는 강하게 되었다. 이 3인은 으뜸가는 나라의 방책을 밝혔고, 다스림에 강하게 되는 방법을 살폈다『한비자집해』 권4, 간겁시신姦劫弑臣.

한비는 이와 같이 이윤, 관중, 상앙의 3인을 크게 인정하고 있으며, 그중에서도 관중과 상앙에게서 받은 영향이 더욱 크다. 같은 내용이 이어서 언급되고 있다.

이는 관중이 제나라를 잘 다스리는 까닭이요, 상군商君이 진秦나라를 강하게 한 까닭이다『한비자집해』 권4, 간겁시신.

이와 같은 기록을 보건대, 한비가 관중에게서 영향을 받은 점은 확실하다. 그러므로 한비가 법가의 집대성자로 인정되고 있는 사실을 고려한다면, 우리는 법가철학의 선구자 가운데 한 사람으로 관중을 용납함에 주저할 필요는 없다고 생각한다.

『관자교석』 86편 가운데 경제에 관한 내용이 1/4 이상을 차지하고 있음은 매우 흥미로운 사실이다. 중국 고대사상사

에 있어서 법가가 유달리 경제의 중요성을 강조하였음은 관
중을 통해서도 알 수 있다. 관중을 언급할 때, 사람들이 일반
적으로 인용하는 표현에 다음과 같은 구절이 있다.

창고가 가득 차야 (인민은) 예절을 알고, 먹을 것과 입을 것이
풍부해야 비로소 영예와 욕됨을 안다(倉廩實則知禮節, 衣食足
則知榮辱)『관자교석』 권1, 목민.

인구人口에 회자하는 이와 같은 명구의 내용은 『맹자』 양
혜왕편의 "일정한 생산이 없으면, 일정한 도덕심도 없다無恒産,
無恒心"라는 구절과 통한다. 그런데 관중이 맹자보다 시대적으
로 훨씬 앞선 인물인 까닭에, 경제 문제에 관한 한 맹자의 사
상이 나중에 형성된 것임에 주의를 기울일 필요가 있다.

선구자는 언제나 외롭고 개인 단위로 존재한다. 예수가
그렇고, 이슬람교의 창시자 무함마드가 그렇다. 우리는 관
중의 시대에 법가의 조직 혹은 이른바 학파의 창립 혹은 선
언을 인정할 수는 없다. 그러나 제나라 환공을 도와서 인민
에게 이익이 되는 정치를 펼쳤던 관중의 정치적 역량과 아

울러 그의 주장이 훗날 법가의 선구적인 역할을 담당하였음을 인정해야 하겠다.

2. 신도愼到와 신불해申不害

(1) 신도의 '세勢' 이론

신도愼到, cir., B.C. 390~B.C. 315는 춘추-전국 시대 조趙나라 사람으로 알려져 있다. 그의 생애는 맹자와 같은 시대일 것으로 추정한다. 문제는 신도의 생애와 사상을 엿볼 수 있는 자료가 충분하지 못하다는 점이다.

『한서』「예문지」에 의하면, 법가의 서적으로 『신자愼子』 42편이 있었다고 한다. 이것이 신도의 직접 저술인지 알 수 없고, 현재 전하고 있는 『신자』의 내용도 5편에 불과하다. 서책으로서의 『신자』는 판본이 일치하지 않고 있다. 청대 인물 전희조錢熙祚가 편찬한 『수산각총서守山閣叢書』上海 홍문서국, 光緒 15년 별본別本 『신자』가 있고, 『사고전서四庫全書』 자부子部 10에 전하는 판본이 있다. 필자는 후자의 5편을 참고하였다. 우리는 이 책과 기타 자료를 활용하여 신도의 사상을 탐

구할 수밖에 없다. 사마천의 『사기』에 다음과 같은 기록이
전한다.

> 신도는 조나라 사람이다. 전병田騈, 접자接子는 제나라 사람이
> 다. 환연環淵은 초나라 사람이다. 모두 황로의 도덕에 관한 학
> 술을 배웠는데, 그 뜻을 발휘하고 상세하게 설명하였다. 그래
> 서 신도가 12편의 이론을 저술하였고, 환연이 상·하편을 저
> 술하였으며, 전병과 접자도 논한 바가 있었다『사기』 권 74, 맹자순
> 경열전孟子荀卿列傳.

기록에 의하면, 그는 전병, 접자, 환연 등의 무리와 함께
이른바 '황로학'에 밝았음을 알 수 있다. 그는 이들 무리와
함께 직하稷下 학당의 일원으로 활동하였다고 알려져 있다.
『장자』「천하편」에 의하면 신도는 도가로 알려져 있고, 『한
서』「예문지」에 의하면 그는 법가로 분류되고 있다. 신도의
이와 같은 양면의 성격은 황로학의 성격에 근원하고 있는
데, 이 문제는 후술하고자 한다. 필자는 먼저 『장자』「천하
편」의 내용과 중복되는 『신자』의 기록을 검토한다.

이 때문에 신도는 (세상의) 지혜를 버리고 사심私心을 제거하여 그렇게 할 수밖에 없는 필연[道]을 따라서 세상일을 돌아가는 대로 맡기는 것을 도리라고 여겼다. 그리하여 (신도는) 말하기를, "알지 못하는 것을 알려고 하면, 장차 그 지知에 억압당하여 상처를 입을 것"이라고 하였다. 그리하여 그는 방임의 태도로 게으르게 살면서 맡은 일이 없었고, 세상 사람들이 현자를 숭상함을 비웃었다. 또한 방종하고 일탈하였으며, 세상이 존중하는 대성인(공자를 암시하는 듯함/필자주)을 비난하였다…. 그래서 (신도는) 말하기를, "나는 무지의 자연 상태의 사람이 되기를 원할 뿐, 현인이니 성인이니 하는 것은 필요가 없으니, 저 흙덩어리라면 도를 잃을 필요가 없다"라고 하였다

『장자』 천하편/『사고전서』 子部 10 『신자愼子』(『윤문자尹文子』와 합본).

위의 인용에서 "(세상의) 지혜를 버리고 사심을 제거함棄知去己"과 "현인이니 성인이니 하는 것은 필요가 없음無用賢聖"이라는 내용은 노자 『도덕경』의 사상과 일치한다. 『도덕경』 19장에서 "성스러움을 끊고 지혜를 버림으로써, 백성의 이익이 100배가 된다絶聖棄智, 民利百倍"라고 말하였고, 또한 같은

책 3장에서 "현명한 이를 숭상하지 않음으로써, 백성들이 다투지 않게 한다不尙賢, 使民不爭"라고 하였는데, 이는 위에서 인용한 신도의 말과 내용이 겹친다. 그리고 억지[人爲]를 가하지 않는 방임주의적 태도 또한 노자와 닮아 있다.

신도는 이처럼 도가 사상의 맥락에서 이해할 수 있지만, 그가 법의 숭상을 줄기차게 강조하고 있는 점에서 법가의 선구자 가운데 한 사람으로 볼 수 있다. 알려진 바로는 신도는 군주의 통치에 있어서 '세'를 강조하였다고 한다. 여기서 말하는 '세'는 정치적인 권력 혹은 권위의 개념과 유사하다. 『한비자』에 다음과 같은 구절이 전하고 있다.

신자가 말하였다. 날아다니는 용은 구름을 타고, 뛰는 뱀은 안개 속에서 노닌다飛龍承雲, 騰蛇遊霧. 구름이 걷히고 안개가 개면, 용과 뱀은 지렁이나 개미 같은 존재가 되는데,이는 그들이 타고 있었던 것을 잃었기 때문이다. 현명한 사람이면서 못난 사람에게 굽히는 것은 권세가 가볍고 지위가 낮기 때문이요, 못났으면서도 현명한 사람을 굴복시킬 수 있는 것은 권세가 무겁고 지위가 높기 때문이다. 성인인 요堯 임금이 보통 사람이었다면, 세 사람도 다스릴 수 없었을 것이며, 폭군인 걸桀은 천자가 되었기 때문에 천하를 어지럽힐 수 있었다. 나는 이로써 권세와 지위는 의지할 만한 것이지만, 현명하고 슬기로운 것은 부러워할 만한 것이 못 된다는 점을 알았다왕선신王先慎, 『한비자집해』 권17, 난세難勢/『신자』 위덕威德편.[9]

여기서 말하는 "용은 구름을 타고, 뛰는 뱀은 안개 속에서 노닌다"라는 표현은 세력을 가진 군주의 권력 행사를 말한다. 권력이 승승장구하는 시절에는 이와 같이 용이 구름을 타듯이, 뱀이 안개 속에 노닐듯이 행사된다. 그러나 권력 즉 '세勢'를 잃으면 (즉 구름이 걷히고 안개가 개면), 용과 뱀은 지렁이나 개미 같은 존재가 되어버린다. 다만 권력 즉, '세'의 행사는 '무위이치無爲而治'라야 마땅하다. 신도의 '세'에 관한 이론은 한비자에 의해서 비판적으로 수용된다(후술).

신도의 법사상에 있어서 기억할 만한 내용이 있다. 즉 그는 "악법도 법이다"라는 입장을 견지한다.[10] 신도의 말을 들어보자.

법이 비록 선善하지 못하더라도 오히려 법이 없는 것보다는 낫다. 이는 사람의 마음을 하나로 되게 할 수 있기 때문이다 『사고전서』 자부 10 『신자』 위덕편.

법이 설사 악법이라도 없는 것보다는 낫다는 뜻은 결국 악법이라도 이를 지켜야 한다는 논리이다. 그 점에 있어서 신도의 사상은 고대 그리스의 철인 소크라테스와 통한다. 동시에 그는 법의 적용에 있어서 신분의 차이가 용납되지 않는 점을 강조한다. 그는 다음과 같이 말한다.

그러므로 대군大君이라도 법에 임하여 이를 지키지 않으면, 즉시 법에 의하여 처리해야 한다『사고전서』 자부 10 『신자』 군인君人.

신도의 법사상은 군주가 '세'를 중시하되 법에 따라야 하며, 그 법은 군주 자신의 개인적 목적이 아닌, 공공을 위하여 존재해야 한다는 것이다. 동시에 법의 적용에는 친함과 소원함, 귀하고 천함을 가리지 말아야 한다고 주장한다. 우리는 이와 같은 질서를 예치禮治가 아니고 법치에 속한다고 말할 수 있다. 유가는 예치를 주장한다. 유가의 이론에 의하면, '예'는 귀족층에 적용되고, 법은 평민에게 적용된다. 『예기禮記』「곡례曲禮」上에 "일반 서인은 '예'로써 우대를 받을 수 없고, 귀족(상대부)은 형벌을 적용받지 않는 특권이 있다禮不下庶人, 刑不上大夫"라고 하였다.[11]

신분사회에 있어서 법 위에 군주가 군림할 수 없다는 내용은 파격적이다. 왜냐하면 인용한 바와 같이, 유가가 지배하는 질서 속에서 귀족 계층은 법의 지배를 받지 않았기 때문이다. 이와 같은 신도의 법사상은 일정 부분 근대 법사상과 통하는 바 있다고 볼 것이다.

장국화張國華 교수의 저술 『중국법률사상사신편』북경대학출판사, 1991에 의하면, 국가의 통치는 '법'과 '세'의 결합으로 이루어지며, 이는 당대 신흥 지주계급의 법치 이념을 제공하였을 뿐 아니라, 법철학의 발전에 있어서도 중요한 역사적 의의가 있다고 한다.

(2) 신불해의 '술術' 이론

신불해申不害, cir., B.C. 385~B.C. 337는 춘추-전국 시대 정鄭나라

사람으로 알려져 있다. 생애는 신도와 같은 시대로 추정한다. 신도와 마찬가지로 신불해의 사상을 탐색할 수 있는 자료 또한 충분하지 못하다. 저술에 2편이 있었는데, 이를『신자』라고 이름하였다고 한다.

서양인으로서 신불해 연구의 전문가인 H. G. 크릴Herrlee G. Creel 교수는 영문 저술『신불해SHEN PU-HAI』The University of Chicago, 1974에서『신자』는 1616년까지 존속하였다가 사라졌는데, 전하는 바로 삼국시대 저갈량이 이 책을 깊이 연구하였다고 주장하고 있다.

필자는 크릴 교수의 영문 저술『신불해』부록에 게재된 『신자』의 조각들fragments을 자료로 채택한다.[12]

사마천의『사기』기록을 인용하여, 신불해의 인물에 대하여 탐색해보도록 한다.

신불해는 경읍京邑(정나라의 지명/필자주) 사람으로 정나라의 하급 관리였다. 후에 법가의 학술을 배워서 한소후韓昭侯에게 관직을 구하니, 소후는 그를 등용하여 재상으로 삼았다. 그는 안으로 정치와 교육을 정비하고, 밖으로 제후들을 응대하기를 15년 동안 하였다. 그가 살아 있는 동안은 나라가 잘 다스려지고, 병력이 튼튼하여 한나라를 침략하는 자가 없었다. 신불해의 학술은 황로학을 근본으로 하고, 형명刑名을 주로 하였다. 저술에 2편이 있는 데, 그것을 『신자』라고 이름하였다 『사기』 권 63, 노자한비열전.

신불해는 신도처럼 군주의 전제 권력에 대하여 호감을 가지고 있다. 법치의 실현이라는 이상에 있어서 두 사람은 궤도를 함께한다. 신불해는 다음과 같이 말한다.

밝은 군주가 몸체라면, 신하는 손과 같다. 군주가 소리치면, 신하는 메아리와 같다. 군주가 근본을 심으면, 신하는 말단을 관리한다. 군주가 원칙을 다스리면, 신하는 세부적인 내용을 행한다. 군주가 근본 권력을 잡으면, 신하는 일상적인 일을 처리한다『신자申子』 대체편 Herrlee G. Creel, SHEN PU-HAI 참고.

군주는 이처럼 몸체이고, 근본이고, 원칙이다. 그러나 군주의 권력은 설치면서 앞으로 나아가는 방법이 아니다. 그의 권력은 드러나지 않게, 은근하게 작용할 수 있어야 효과적이다. 다시 말하면 군주는 자신의 마음을 열지 않고 은밀하게 신하를 통제해야 한다. 이와 같은 방법을 학자들은 신불해의 '술術'이라고 부른다. 이는 일종의 일처리 기술 혹은 나라를 다스리는 방책이라고 부를 수 있다. 신불해는 이 점에 대하여 다음과 같이 말한다.

> 그러므로 나라를 잘 다스리는 사람은 마치 어리석은 사람처럼 보인다. 그는 (나라를 다스림에 있어서) 가득 차지 않게 하고, 감히 나아가지 않는 듯이 행동한다. 일이 없는 것처럼 자신을 숨기고, 그의 동기를 숨기고 자신의 자취를 감춘다. 그럼으로써 세상사람들에게 아무 일도 안하는 것처럼 보이게 한다. 이렇기 때문에 가까운 자들은 (군주에게) 친근감을 느끼고, 멀리 있는 자들은 그의 신하가 되고자 한다『신자申子』대체편. Herrlee G. Creel, SHEN PU-HAI 참고.

이와 같이 군주가 자신의 마음을 열지 않고 은밀하게 신하를 통제하는 술책을 곧 '술術'이라고 한다.[13] "군주가 감히 앞에 나서지 않고 행동한다設於不敢"라고 함은 『도덕경』69장

에 보이는 "나는 감히 주인이 되지 않고 손님이 된다吾不敢爲
主而爲客"라는 입장과 통하며, 또한 같은 책 34장에 있는 "만물
이 돌아가되 주인 노릇을 하지 않는다萬物歸焉而不爲主"의 의미
와 가깝다.

훗날 한비는 이와 같은 신불해의 영향을 입어서 "술책이
란 (군주가) 가슴에 숨김으로써, 각종 일에 임하고, 그리하여
많은 신하들을 잠재적으로 통제하는 것이다"라고 말하고 있
다『한비자집해』 난삼難三 참조.

H. G. 크릴 교수가 서구인으로서 신불해에 관하여 힘든
저술을 남겼지만, 내용의 대부분은 인물에 관한 탐색이고,
부록에 보이는『신자』의 조각만 가지고 신불해의 사상 전모
를 밝히는 일은 어렵다. 그의 사상은 오히려『한비자』에서
더욱 많이 드러나고 있다.

3. 상앙商鞅

(1) 인물과 세계관

역사학자에 의하면, 중국 고대 춘추-전국 시대는 혼란과

무질서 그리고 급격한 변화의 시기이다. 변화의 시기에는 사회 윤리(기강)가 무너지고 개인의 행동 기준이 흔들리게 되며, 약육강식의 질서가 탄생한다. 이것을 가리켜 '무질서 속의 질서'라고 말할 수 있다. 질서 있는 사회에서 역량을 발휘하는 인물이 있고, 무질서 속에서 역량을 발휘하는 사람이 있다. 고대 상앙이나, 현대의 마오쩌둥毛澤東은 후자에 속하는 인물이다.[14]

사마천의 『사기』에 의하면, 상앙cir., B.C. 390~B.C. 338의 성은 공손씨公孫氏이고 이름은 앙鞅이며, 위衛나라의 왕손 출신이다. 그의 생몰년은 학자들 사이에 일치되지 않고 있다. 진계천陳啓天은 『상앙평전』에서 "그의 출생은 알 수 없다"라고 말하고 있으나, 필자는 소공권蕭公權의 저술 『중국정치사상사』를 따른다. 이 책은 최명·손문호의 번역본이 있다서울대학교출판부, 1998. 상앙을 가리켜 공손앙으로 부르는 사람은 많지 않고, 그가 상商 지역 일부를 봉지로 물려받았으므로, '상군商君'으로 호칭되고 있다. 필자는 상앙과 공손앙을 함께 사용한다.

상앙, 즉 공손앙과 같은 시기에 맹자, 장자, 양주楊朱 등이 살았다. 상앙은 진秦 효공재위 B.C. 361~B.C. 338 때 등용되어 자신의 정치적인 뜻을 펼쳤지만, 효공이 죽자 혜왕惠王에 의하여 모반죄의 죄목으로 비참한 죽음을 당하였다.

사마천의 『사기』 권68, 상군열전에 의하면, 상앙은 젊어서 '형명지학刑名之學'을 좋아하였다고 한다. 여기에서 '형명지학'이란 곧 법가의 학문을 말한다. 제자백가를 놓고 볼 때에, 그의 학문적 연원이 법가 계통에 의거한다는 뜻이다.

상앙은 법가의 인물로 지목되고 있는 이회李悝 李克[15]의 영향을 받았다고 보인다. 이춘식은 "상앙의 인물과 그 평가"라는 글에서, 상앙이 "어려서부터 형명학을 좋아하여 이회에게 사사하였다"라고 말하고 있다황원구 교수 정년기념논총 『동아시아의 인간상』 참고. 그러나 상앙은 이회의 『법경法經』을 배운 것이지 직접 그에게 사사한 것은 아니다. 『법경』은 곧 '형명지학'에 속하는 책이다.

상앙은 또 오기吳起[16]의 영향을 받았다. 서개徐凱는 상앙이 위나라에 도착하였을 때, 이미 이회와 오기는 세상을 떠나고 없었고, 상앙은 그들의 변법 경험을 연구하여 법가학설을 실천하려고 마음먹었다고 주장한다.

이상과 같은 내용을 검토할 때, 상앙은 이회 및 오기의 법가 사상에 영향을 받았으며, 신불해 및 신도와 함께 전기前期 법가에 속한다.[17] 상앙은 법가의 대표자 한비에게 직접적 영향을 준 점에서 법가철학의 형성에 크게 기여하였다.

현대 중국철학자 풍우란 교수에 의하면, 철학적 사유는 하나의 이론 사유이다. 그 활동 가운데 이해, 보는 방법 내지 태도 등이 나타나는데, 인간의 세계관은 그와 같은 이론 사유의 연장에서 가능하다풍우란, 『중국철학사신편』 제1책. 철학자의 모든 저술은 그의 세계관을 반영한다. 헤겔의 『정신현상학』이 그의 세계관을 반영하는 것이라면, 스피노자는 『윤리학』으로써 세계관을 설명하고 있다.

상앙의 세계관은 그의 저술로 알려진 『상군서商君書』 (혹은 『상자商子』)를 통하여 들여다볼 수 있다.[18]

상앙의 시대는 무질서의 시대였다. 이때의 무질서란 먹거리의 확보를 위하여 사회적 환경이 척박하고, 인간관계의 갈등이 첨예한 시기를 말한다. 벤자민 슈워츠 교수의 견해에 의하면, 이 시대는 요堯-순舜-우禹 임금이 사용하였던 도덕적 방식들은 시대에 뒤떨어진 폐물에 불과하였다Benjamin I.

Schwartz, The World of Thought in Ancient China, 1985. 이제 가혹한 쟁취만이 생존경쟁에서 살아남을 수 있는 길로 인식되었다. 이와 같은 약육강식의 시대에, 상앙이 인간의 본성을 어떻게 이해하였는가 하는 점은 중요한 문제에 속한다. 알려진 바와 같이 중국 고대의 인성론은 맹자를 중심으로 하는 성선설과, 순자로 대표되는 성악설의 2대 학설이 주류를 이루고 있다. 상앙은 사람의 본성에 대하여 다음과 같이 말하고 있다.

사람의 본성은 굶주리면 음식을 찾고, 수고로우면 편안하려고 하고, 고통스러우면 쾌락을 찾으며, 굴욕을 느낄 때는 영광을 희구한다. 이것이 인간의 보통 감정이다. 사람이 이익을 추구할 때는 예의를 고려하지 않으며, 명예를 따를 때는 규율을 무시한다. 왜 그럴까? 지금 도적이 위로는 군주가 금하는 바를 범하고, 아래로는 천자의 예를 무시한다. 그리하여 명성이 욕되고, 생명이 위태로워도 오히려 그만두지 못하는 까닭은 오직 이익을 쫓기 때문이다. 옛날의 선비들이 의복이 피부를 따뜻하게 하지 못하고, 먹거리가 위장을 채우지 못하더라도, 그 고통을 참고 견디며, 온몸을 수고롭게 하고, 오장을 손상시킨 것은 본성의 규칙이 그래서가 아니고, 오로지 명예만을 쫓았기 때문이다. 그러므로 명예와 이익이 모이는 곳을 사람들이 감싸고도는 것이다『상자商子』권2, 산지算地, 『사고전서』자부子部, 법가류 참고.[19]

부끄럽고, 욕되고, 수고롭고, 괴로운 일은 사람들이 싫어하는 바이며, 드러나고, 영달하고, 편하고, 즐거운 일은 사람들이 힘쓰는 바이다『상자』권2, 같은 곳.

상앙은 이처럼 인간을 '이익을 좋아하는 존재[人性好利]'로 파악하고 있다. 그 이익이란 두 가지로 정리된다. 하나는 물질적인 것으로 땅, 벼슬자리, 재물 등이며, 다른 하나는 정신적인 것으로 사회적인 명성, 그리고 지위 등을 말한다증진우曾振宇, 『전기법가연구』참고.

상앙의 인성론은 맹자의 성선설보다는 순자의 성악설에 가깝다. 인간의 본성은 본래부터 이익을 좋아하는 까닭에 이익의 추구가 물질적 혹은 정신적으로 제한되는 상황에서는 모순이 발생한다. 정치가들은 사회 질서를 위하여 인성을 제한 혹은 억압하는 방향으로 간다. 상앙의 말을 들어보자.

> 힘으로써 천하를 제압하는 자는, 먼저 그 백성을 제압해야하였다. 강한 적을 이기는 자는 반드시 그 백성을 이겨야 했다. 그러므로 백성을 제압하는 근본은 민중을 제압하는 데에 있는바, 그것은 마치 금속을 만드는 자가 야금을 하는 것과 같고, 도기를 만드는 자가 흙을 빚는 것과 같다『상자』 권4. 획책.

위의 구절에서, 우리는 상앙이 인민(백성)을 존중의 대상이 아니라, 지배의 대상으로 삼고 있음을 본다. 상앙에게는 백성은 영리해서는 안 되며, 이익을 마음대로 추구하도록 방임해서도 안 된다. 백성은 어리석을수록 다스리기에 편하다. 상앙은 주장한다.

> 나라를 잘 다스리는 자는, 쌀 창고가 가득 차 있더라도 농업을 게을리 해서는 안 된다. 국가가 크더라도 민중이 유언비어에 어지럽혀지지 않으면, 백성이 어리석게 될 것이다. 백성이 어리석게 되면, 관직과 벼슬을 교묘한 방법으로 취할 수

없다. 관작官爵을 교묘하고 사특한 방법으로 취하지 않으면, 간사한 무리가 발생하지 않을 것이다. … 간사한 무리가 생겨나지 않으면, 군주는 미혹되지 않을 것이다『상자』권1, 농전農戰.

여기에서 주의할 용어는 '어리석다(박일樸壹)'이다. '박樸'이란 산에서 막 자른 가공하지 않은 통나무를 말한다. 이는 『노자』19장에 등장하는 "소박함을 간직하고, 사사로운 욕심을 줄이게 한다見素抱樸, 少私寡欲"라는 구절의 '박樸'과 서로 통한다. '박'이란 '도道'의 원시 상태를 말하며, 순진하고 질박한 상태로 문명의 때에 물들지 않은 소박한 경지, 혹은 그 인간성을 말한다. 그러나 상앙이 말한 '박일樸壹'은 이와 같은 도덕적 순수상태가 아니라, 백성들의 어리석은 인격을 말하는 것이다. 이는 우중愚衆 정치의 표현이며, 상앙은 백성이 어리석어야 군주가 미혹되지 않는다고 말하고 있다.

상앙은 인간의 본성이 이익만을 추구하는 악한 존재라고 보았다. 상앙이 청운의 꿈을 품고 진秦나라에 왔을 때, 진은 전국칠웅戰國七雄 중에서도 동방 6국에 비하여 낙후된 국가였다. 그가 보기에 진은 유세遊說하는 선비, 장사치, 혹은 방술

方術의 무리들이 기교를 최대한 동원하여 재산을 늘리고, 벼슬자리를 탐하고 있었다. 이들은 국가의 진정한 발전에는 관심이 없이, 그저 이익을 탐하는 무리에 불과하였다. 그는 이렇게 말하고 있다.

성인과 영명한 군주는 세상의 만물을 모두 통달한 사람이 아니라, 각종 사물의 요령을 아는 사람이다. 그러므로 나라를 다스리는 것은 그 요령을 살피는 일이다. 지금의 정치가는 요령을 얻지 못한 자가 태반이다. 조정에서 치국을 논할 때, 세객說客은 난잡하게 개혁을 주장한다. 이런 까닭에 군주는 각종의 주장 때문에 어지럽고, 관리는 분분히 떠들기만 하고, 백성은 농사일에 전업하지 못하고 있다. 그러므로 나라 안의 사람들이 공담을 좋아하고, 비현실적인 유가의 학설을 좋아하고, 상업에 종사하며, 기예에 빠지고, 농전農戰을 기피하고 있다. 이래가지고야 망국이 멀지 않을 것이다. 국가가 위급한 때에 배웠다는 자들이 법질서를 싫어하고, 상인들이 유행에만 급급하고, 기술자가 쓰이지 못하니, 그러한 국가는 적국에게 쉽게 공격당할 수 있다. … 현재 한 사람이 농사지어 백명이 먹을 양식을 생산한다면, 그것은 마치 배추벌레, 메뚜기 등이 농작물을 먹어치우는 것보다 폐해가 더욱 클 것이다. 이렇게 본다면『시경詩經』,『서경書經』등이 향촌마다 한 묶음씩 있고, 집집마다 한 권씩을 가지고 있으면서, 오히려 치국에 도움이 없는 것은 가난을 부富로, 위태로움을 편안함으로 바꾸는 방법을 쓰지 않기 때문이다『상자』 권1, 농전 제3.

상앙이 보기에 그의 시대는 실사구시實事求是를 실형하지 못하고 있었다. 즉 군주가 요령을 얻지 못하고 있으며, 세객은 개혁을 주장하지만, 참다운 실체를 찾지 못하고, 백성은 농사에 전업하지 못하고 있었다. 또한 비현실적인 유가의 학설이 유행하여,『시경』과『서경』등의 고전이 집집마다 한 권씩 있지만 나라를 다스리는 데는 도움이 되지 못한다고 진단하였다. 상앙은 자신이야말로 가난을 부富로, 위태로움을 편안함으로 바꾸는 방법을 사용할 수 있다고 주장한다.

(2) 변법變法 실시와 평가

상앙은 어떻게 하면 낙후한 국가 현실을 타파하고, 부강한 나라로 전환시킬 수 있다고 생각하였을까? 그것은 변법, 즉 개혁의 길밖에 없었다. 변법은 진秦의 정치를 개혁하는 정도의 차원이 아니라, 사상을 개혁하여 보수 귀족적 종법宗法 질서에서부터, 군주적 군국軍國 국가로 진입하는 것을 의미하였다. 그것은 동시에 사회 진화론적 역사 추론의 근거를 가진 것이었다. 상앙은 말한다.

천지가 개벽한 이래 사람이 태어난 것은 이때이다. 그 당시에 인민은 어미는 알았으나 아비는 몰랐으며, 그들의 도덕 원칙은 친척만을 친애하였고, 사리만을 탐혹하였다. … 그런 즉 상세上世에는 친척만을 친애하고 이익만을 탐혹하였으며, 중세中世에는 현명한 사람을 존중하고 인애를 즐거워하였으며, 하세下世에는 귀족을 숭배하고 관리를 존경하였다. 현인을 존중한 때는 도를 위해서 타인에게 양보하지만, 군주를 옹립할 때는 현인을 존중하는 원칙이 소용없다. 친척만을 친애하는 때는 인민은 사리를 도덕 원칙의 기준으로 삼지만, 공정한 원칙을 받드는 때는 사리의 원칙이 통행될 수가 없다. 이와 같은 세 가지 시대적 원칙은 상반되는 것은 아니며, 오히려 인민이 준수하는 원칙에 해가 있을 수 있으니, 사회 상황이 변하면 받드는 원칙 또한 변할 수 있다. 그러므로 말하기를, "천하를 다스리는 원칙에는 규율(법도)이 있다"라는 것이다『상자子』권2, 개색開塞.

위의 내용 중 "사회 상황이 변하면 인민이 받드는 원칙 또한 변할 수 있다世事變而行道異也"라는 표현은 상앙의 진화론적 역사관을 보여준다. 사회 상황의 변화에 따라서 도가 변할 수 있다는 것이 변법의 논리이다. 이 경우의 변법 질서는 덕치의 방법이 아니라, 법치에 의한 것이다. 그는 이렇게 말하고 있다.

옛적 인민은 순박하여 도리에 두터웠지만, 지금 인민은 교활하여 속임수에 능하다. 그러므로 옛적의 방법을 본받아 도를 이룩하려는 자는 덕교德敎에 의하여 다스려야 하지만, 지금 도를 실천하려는 자는 먼저 형벌로써 모범을 보여야 한다『상자』권2, 개색.

이와 같은 현실 인식하에 상앙은 변법의 필요성을 강력하게 주장한다. 법치[20]의 주장은 유가들이 말하는 비현실적인 덕치와 충돌될 뿐 아니라, 일체의 보수주의적 사상과 서로 용납될 수 없는 것이다. 그러므로 감룡甘龍, 두지杜摯와 같은 보수주의자들은 상앙의 견해를 반박하였다.

그러나 상앙은 효공孝公의 신임을 얻었고, 기원전 359년 좌서장左庶長[21]의 지위에 부임하여 변법을 시행하게 된다.

상앙의 변법은 내용 면에서 군국주의 및 중농주의의 실행과 관계가 있으며, 두 차례에 걸쳐서 시행되었다. 제1차 변법과 제2차 변법이 그것이다.

상앙의 제1차 변법은 효공 3년(기원전 359년)에 처음으로 실시되었다.[22] 군국주의를 진흥하려는 자는 무엇보다 인원의 편제에 대하여 관심을 두는 법이다. 사마천의 기록에 다음과 같은 내용이 전한다.

(상앙은) 열 집을 십什으로, 다섯 집을 오伍로 짜서 서로 감시하고 적발하여 연좌連坐케 하였다. 고발하지 않는 자는 허리를 자르는 형벌에 처하였고, 나쁜 짓을 한 자를 고발하는 자

는 적의 머리를 벤 자와 같은 상償을 주었다. … 군공이 있는 자는 그 공의 대소에 따라서 윗자리의 벼슬을 받았고, 사사로이 다투는 자는 그 경중에 따라서 형벌을 받았다. … 군공이 있는 자는 영예를 누리지만, 군공이 없는 자는 부유하더라도 영예를 누릴 수 없었다『사기』권68. 상군열전/정범진외 역『사기』, 1995.

이것이 역사상 '연좌제'의 시초에 관한 기록이다. 즉 5가를 '오'라 하고 각 호구가 서로 고발하도록 한 제도이다. 연좌제를 실시한 취지는 사회 질서를 안정시켜서 변법에 용이한 환경을 창출하도록 하기 위한 것이었다.[23]

상앙은 연좌제를 바탕으로 중농억상重農抑商의 정책을 실시하였다. 농업은 본업으로서 국가의 부강을 위해서 그 생산의 확대가 필요하였다. 이것이 중농정책을 펼친 주요한 이유이다. 그는 다음과 같이 말한다.

이로써 영명한 군주는 정치를 함에 있어서 오직 농전에 주력한다. 실제적 효용이 없는 것을 제거하며, 허황되고 절실하지 못한 학문을 방지한다. 떠도는 인민을 오로지 전심으로 농사에 종사하게 한다. 그러한 연후에야 국가는 가히 부를 충족시킬 수 있고, 인민의 역량을 가히 집중시킬 수 있다. … 그런 까닭에 농경에 종사하는 자는 적고, 놀고먹는 자가 많을 때, 농민은 위태롭고, 농민이 위태로우면 곧 토지는 황폐하게 된다. … 이것이 가난한 나라, 약한 군대가 보여주는 교훈이다 『상자』 권1, 농전.

여기에서 "오직 농전에 주력한다作壹"든가, 혹은 "오로지 전심으로 농경에 종사하게 한다農之壹"라는 표현은 중농주의 정책을 의미한다. 그는 상업에 종사하거나 또는 기예에 종사하는 무리들을 농전을 회피하는 자들로 규정하고 있다. 이처럼 상앙의 부국강병론은 당시의 생산 방식과 관련하여 이해해야 한다.

법가의 이론에 의하면, 개인으로서 인민이란 일개 생산 노동력의 단위이며 동시에 전투력[兵力]의 단위이다풍우란, 『중국 철학사신편』 제2책. 이는 유가가 개인을 종법宗法 제도의 구성원으로 보고 있음과 현저한 차이가 있다. 상앙은 '연좌제'를 기반으로 한 농전農戰이야말로 부유한 국가 및 강한 군대(즉 군국주의)를 만드는 지름길로 보았다.

제1차 변법은 기득권 세력의 반발을 샀으나, 효공의 결단과 상앙의 추진력으로 상당한 성과를 거두었다. 이어서 효공 12년 제2차 변법이 실시된다. 진秦이 함양咸陽으로 천도한 이후의 일이며, 2차 변법의 내용을 다음과 같이 정리할 수 있다.

상앙은 부자 형제가 같은 집에 거주하는 일을 금지하였다. 이는 유가의 가족제도에 반한 것으로, 목적은 분가를 시킴으로써 인구를 증식시키고, 세금의 증대를 노린 것이다. 그는 정전제井田制를 폐지하고, 밭두렁과 길을 개간하였으며, 토지의 사유제를 승인하고 그 매매를 허가하였다. 이것은 토지제도를 개혁함으로써 경제적 힘을 증진시키고자 함에 있었다. 밭두렁과 길을 개간하였다는 이른바 '개천맥開阡陌'의 시행은 『상군서』에는 내용이 보이지 않고, 『사기』와 『한서』 등에 보인다. 『한서』에 다음과 같은 글을 볼 수 있다.

진秦 효공이 상군을 등용함에 이르러, 정전井田을 폐지하고,

천맥阡陌을 열었다『한서』 권24, 식화지食貨志.

이것이 상앙 변법의 중요한 내용이다. 안사고顔師古의 설명에 의하면 "천맥阡陌이란 밭 사이의 길을 말한다. 남북으로 뻗은 것을 천阡이라 하고, 동서로 뻗은 길을 맥陌이라 한다." '개천맥'의 실행은 농업사회에 있어서 생산력을 증대하여 국부의 증진에 큰 진보를 가져왔다.[24]

제2차 변법의 다른 조치로 도량형의 통일을 들 수 있다. 변법 시행 전의 진秦은 부세賦稅의 기준이 일치하지 못하였으며, 국가 재정수입의 보증을 기할 수 없었다. 그러나 상앙이 두斗, 용桶, 권權, 형衡, 장丈, 척尺, 승升 등 도량형의 단위를 모두 통일하였다. 통일된 도량형의 시행 이후, 경제적 교류와 그 발전이 눈부실 정도로 진흥되었다. 역사서에는 B.C. 221년 진시황[25] 통일 이후 시행된 도량형의 통일만을 강조하고 있다. 그러나 상앙의 변법 때 도량형의 통일이 시행되었음을 기억할 필요가 있다.

이와 같은 전후 제1차 및 제2차에 걸친 상앙의 변법(개혁)은 진秦의 정치와 사회를 괄목할 만한 상태로 개조시켰다.

그 역사적 영향에 대하여 이견이 있지만, 학자들은 변법의 성질과 영향에 대해서 세 가지 견해로 정리한다. 첫째, 변법이 봉건영주에게 타격을 주고 신흥지주를 등장시켰다는 점이다. 둘째, 변법이 노예제 사회로부터 봉건제를 지향하였다는 주장이다. 셋째는 설득력이 적은데, 상앙 변법 이후 씨족 사회로부터 노예제 사회로 진입하였다는 것이다두정승, 『편호제민』, 민국 79년. 변법의 평가가 어떻든 변법이야말로 후진국 진나라를 일약 선진국의 대열에 진입시키는 결정적 역할을 하였다는 점을 부인할 수 없다. 변법 시행 이후 변화에 대하여 사마천은 『사기』에서 이렇게 말한다.

법령이 시행된 지 10년이 되자, 진나라 백성들은 매우 만족하였고, 길에 떨어진 물건을 줍지 않았고, 산에 도적이 없었으며, 집집마다 풍족하고, 사람마다 넉넉하였다. 백성들은 국가를 위한 전쟁에는 용감하였고, 개인적인 싸움에는 겁을 먹었다. 그래서 도시나 시골이나 잘 다스려졌다『사기』 권68, 상군열전／

정범진외 역 『사기』, 1995.

이것은 놀라운 지적이다. 변법의 시행 과정을 보자면, 상앙의 정책이 공포정치와 별로 다를 바 없음에도 불구하고, 인민들은 그 결과에 대해서 흡족해 하고 있음을 보여준다. "길에 떨어진 물건을 줍지 않았다道不拾遺"라는 고전적 표현은 인민들의 도덕적 자부심이 높았음을 말한다. 사마천의 『사기』 공자세가孔子世家에 다음과 같은 표현이 있다.

그리하여 얼마 후, 공자는 노나라의 정사를 문란케 한 대부 소정묘少正卯를 주살하였다. 공자가 정치를 맡은 지 3개월이 지나자 양과 돼지를 파는 사람들이 값을 속이지 않았다. 남녀가 길을 갈 때 서로 길을 비켜서 걸어갔으며, 길에 떨어진 물건을 주워가는 사람도 없었다. 사방에서 읍을 찾아오는 여행자도 관리에게 허가를 받을 필요가 없었고, 모두 잘 접대해서 만족해하며 돌아갔다『사기』 권47 공자세가.

이상의 기록을 놓고 비교하면, 상앙이 10년에 걸쳐서 이룩한 일을 공자는 불과 3개월에 달성하였다는 점에서 차이가 있다. 3개월이란 90일에 불과한 시간이다. 이 표현은 공

자를 미화한 점이 있다고 판단된다. 일반 인민은 그렇다 치
더라도, 기득권층은 변법에 대하여 이빨[齒]을 갈았음에 틀
림없다. 진秦의 조량趙良이 상앙에게 충고를 하였지만, 그는
조량의 말을 따르지 않았다. 그리고 진秦 효공이 세상을 떠
나자 상앙은 갑자기 지지 기반을 상실하였고, 마침내 일족
이 멸하고 자신은 차열형車裂刑에 처형당하는 비극적 죽음을
맞게 된다.

세상의 모든 일이 그러하듯이 상앙의 변법 또한 긍정과
부정의 측면을 지니고 있다. 후세 역사가의 상앙에 대한 평
가[26]는 부정적인 견해가 지배적이다. 사마천의 이야기를 들
어보도록 하자.

상군商君은 천성이 각박한 사람이다. 그가 당초 제왕의 도로
써 효공에게 유세한 것을 살펴보면, 허망스러운 설을 늘어놓
은 것이지 그의 진심은 아니었다. … 조량의 충고를 따르지
않은 것은 역시 상군이 은혜로운 정이 적음을 충분히 증명해
준다. 나는 일찍이 상군이 저술한 「개색開塞」, 「경전耕田」 등
을 읽었는데, 그 내용이 본인의 행적과 비슷하였다. 그가 결

국 진나라에서 악명을 얻게 된 것은 그만한 이유가 있다『사기』 권68, 상군열전.

사마천의 평가는 사회적 측면을 고려하지 않고, 한갓 인품 평가에 그친 평면적인 것임을 면치 못한다. 그가 차가운 '철인鐵人'[27]으로서 행동하지 않을 수 없었던 것은 본성(천성)이라기보다는 시대 상황이 만들어낸 후천적인 인성으로 보아야 한다. 한편 동중서는 상앙에 대하여 유교의 교화로써 교훈을 펼치지 못하였다고 말하고, 법가 전체를 비난하고 있다.

진나라는 그렇지 않았다. 신불해와 상앙의 법을 따르고, 한비의 말을 행하였으며, 제왕의 도를 미워하고, 이리처럼 속되었으며, 교화로써 천하에 교훈을 펼친 것이 아니다. … 선한 일을 하는 사람도 결국엔 (법을) 면할 수 없었고, 악한 일을 하는 자는 형을 모면하지 못하였다. 이 까닭에 백관이 모두 헛된 말을 하고 실제를 고려하지 못하였으며, 겉으로는 군주를 섬기는 예절이 있었지만 속으로는 배반의 심리가 있었다. …

(결국) 재력은 다하고 백성은 흩어져서 농사와 길쌈의 업무에 종사하지 못하였고, 도적들이 일어나기에 이른 것이다『한서』 권56, 동중서전.

그렇지만 법가사상의 완성자인 한비의 상앙에 대한 평가는 매우 다르다. 그는 다음과 같이 말하면서, 진나라의 국부와 강병의 공로를 상앙에게 돌렸다.

상앙은 진秦을 다스림에 있어서 고발자를 포상하였지만, 무고자도 역시 죄를 벌하는 법을 제정하고, 열 집과 다섯 집으로써 연좌하여 그 죄를 벌하였으며, 포상은 후하고 믿음성 있게, 징벌은 엄중하고 분명하게 했다. 그래서 백성들은 힘을 다해 일하며 힘들어도 쉬지 않았고, 적을 추격하다 위험이 닥쳐도 물러서지 않았다. 그런 까닭에 나라가 부해졌고 근대는 강해졌다. … 효공과 상군이 죽고, 혜왕이 즉위하였으나, 진나라의 법은 패하지 않았다『한비자집해』 권17, 정법.

상앙에 대한 평가가 어떠하였던지 간에, 중요한 점은 그가 실시한 변법이 살아남았다는 점이다. 약 100여 년간 상앙의 법이 변하지 않은 채 전하여졌으며, 사회적 안정과 경제적 발전이 이루어졌다. 그리하여 기원전 221년 진왕秦王 정政이 제후국을 멸하고 제왕의 업무를 성취하였으며, 중국 역사상 최초로 천하통일을 이루었다. 이 통일로 말미암아 '중화문명'이 틀을 잡고, 중국이 탄생하였음을 고려할 때, 통일의 기초가 되었던 상앙의 변법은 과소평가할 수 없는 업적으로 남을 것이다.

제 4 장
한비에게 영향을 미친 황로黃老 도교
— 한대漢代 황로 도교의 유행을 놓고 유추함

앞에서 언급한 바와 같이, 한비에 관하여 가장 믿을 만한 기록은 사마천의 『사기』이다. 이 책에서 사마천은 한비를 가리켜, "형명刑名과 법술의 학문을 좋아하였으며, 그 근본은 '황로학'으로 돌아간다"라고 말하고 있다. 그런데 한비에게 영향을 미친 신도에 관하여도 사마천은 "'황로'의 도덕에 관한 학술을 배웠는데, 그 뜻을 발휘하고 상세하게 설명하였다"라고 언급하였다. 뜨한 역시 한비에게 영향을 미친 신불해에 관해서도, "신불해의 학술은 '황로학'을 근본으로 하고, 형명을 주로 하였다"라고 서술하였다. 사마천은 다만 상앙에 대해서만은 "상앙은 젊어서 형명지학刑名之學을 좋아하였다고 한다"라고 말하고, 황로학에 대하여는 말하지 않았다.

이처럼 신도, 신불해 및 한비가 모두 '황로학'을 배워서 그 뜻을 발휘하고 상세하게 설명하였거나 혹은 그곳에 근본을 두고 있다. 이와 같은 사마천의 기술을 놓고, 우리는 '황로학'이 대체 무슨 성격을 지닌 학문이며, 언제 유행하였는지 의문을 갖게 된다. 사실 개인의 존재란 그 시대 문화의 산물이며, 그 시대정신에서 크게 벗어날 수 없기 때문에, 필자는 대략 B.C. 400년대부터 B.C. 200년대 사이에 이른바 '황로학'이 하나의 시대정신으로 중국 고대에 유행하였을 것으로 진단한다. 그리고 당대의 지식인(독서인)은 이 시대정신에 크게 영향을 받았다고 믿는다. 그렇다면 황로학이란 무엇을 말하는가?

1. 황로 도교란 무엇인가?

'황로학' 혹은 '황로 도교'는 '황로도黃老道'라고도 호칭된다. 이는 진-한 시기 학술사상, 조기早期 도교의 일파라고 말할 수 있다. 중국도교협회 발행 『중국도교대사전』신화서점, 1994에 의하면, '황로'라고 할 때, '黃'은 중국 고대의 전설적인 인물 황제黃帝를 가리키며, '老'는 노자를 가리킨다.

이와 같이 황로학이란 황제 사상과 노자 사상의 종합을 말한다. 노자 사상은 『도덕경』에서 표현되고 있으므로, 그 내용을 대체로 파악할 수 있거니와, 문제는 황제 사상에 있다. 그가 어떤 사람인지, 그의 저술이 무엇인지[28] 또한 잘 알 수 없는 황제가 무슨 의미를 지니는 것인가?

인간은 과거의 위인 혹은 기록에 권위를 부여하는 경향이 있다. 중국인의 고대 인물에 대한 숭상은 종교적 믿음에 가깝다. 황제뿐만이 아니고, 복희伏犧-신농神農-요堯-순舜-우禹 임금 등에 관한 내용도 마치 어제 실존하였던 역사적 인물처럼 읊어대는 일이 보통이다. 그러므로 진대秦代 어느 시기부터 사람들이 말끝마다 황제와 노자를 끌어다가 인용하였다고 해서 이상할 것이 없다. 우리는 이와 같은 일을 가탁假託 혹은 의탁依託이라고 부른다.

황로학 혹은 황로도를 이해하기 위해서는 춘추-전국 시기, 고대 중국인의 술수術數 혹은 방선方仙 사상 내지 방기方技의 내용을 이해할 필요가 있다. 이와 같은 학문을 잡학이라

부르는데, 고대 여러 학파 가운데 어느 한 부류에 속하기 어려운 까닭에 붙인 이름이다. 『한서』「예문지」에 황제의 이름으로 가탁한 서적 15종류가 나열되어 있다.[29]

황제에 관한 내역으로 위에서 말한 술수는 음양론과 관계가 있고, 방선 내지 방기는 의약 및 양생과 관계가 있다. 한의학계의 『성경』이라고 볼 수 있는 『소문素問』, 『영추靈樞』는 고대 방기서方技書에 속한다. 그러므로 황로학의 '황'은 주로 이와 같은 실용 방면을 중심으로 하고 있고, '노'는 주로 양생의 문제를 다루고 있다. 두 가지는 혼합 합일이 아니고 상호 표리를 이룬다.

현대 철학자 풍우란은 『중국철학사신편』 제2책인민출판사, 1984에서, 황로학은 도가가 법가를 향하여 옮겨진 것이라고 하고, 또한 도가와 법가의 통일이라고도 주장한다. 그리고 황로학은 '안'의 측면과 '밖'의 측면이 있는 데, '안'의 부분은 신체를 보전하고 건강을 유지함으로써 성명의 도리를 넓히는 것이요, '밖'의 영역은 치국의 도리를 말한다고 하였다.

이와 같은 내외의 성격을 놓고 보면, 황로학이 지향하는 질서가 무엇인지를 알 수 있다. 황로학은 안으로 개인의 건강, 즉 양생의 중요성을 강조하면서, 밖으로 나라의 통치 질서에 봉사하는 학문 체계이다. 이 학문은 정합성을 지닌 질서 정연한 세계가 아니고, 창시자가 누구인지도 알 수 없다. 동시에 황로학의 탄생 및 번창 시기에 대하여도 정설이 없다.[30]

2. 황로 도교의 유행과 발전

1973년 12월 호남성 장사長沙 마왕퇴馬王堆 3호 한묘漢墓에서 한 무리의 백서帛書가 출토되었다. 학자들은 비단의 파편을 정리하면서, 훗날 『황제사경黃帝四經』이라고 이름을 붙인 네 종류의 자료를 발견한다. 이를 놓고 중국 학자 여명광余明光 및 미국의 법률가인 R. P. 피렌붐 등은 『황로백서黃老帛書』라고 부르고 있다.[31]

『황제사경』은 무엇이며, 그 이름은 어디에서 유래하였는가? 중국의 권위 있는 고고학 잡지 『문물文物』 1980년 3기에 의하면, 『황제사경』은 『경법經法』, 『십육경十六經』, 『칭稱』, 『도원道原』 등 네 가지 텍스트를 말한다. 왜 이와 같은 자료가『황제사경』이라는 이름을 얻게 되었는가?

『황제사경』은『한서』권30,「예문지」도가자류道家者流에 4편이라고 기술하는 데 근거한다. 그런데『수서隋書』「경적지經籍志」에 다음과 같은 기록이 있다.

> 사적事迹을 미루어 볼 때에, 한대漢代 제자諸子와 도가道家 서책에 37학파가 유행하였다. 요지는 모두 욕망을 부러워함을 버리고, 충허沖虛에 머물며, 천관天官 부록符籙의 일을 무상의 가치로 여기는 것들이다. (그중에서도)『황제黃帝』4편과,『노자』2편이 가장 깊은 뜻을 얻었다『수서』권 35, 경적 四.

마왕퇴 발굴 자료를 놓고 볼 때, 이와 같은 두 가지 기록은 매우 중대한 의미를 지니고 있다. 이는 한 왕조 및 수隋 왕조 때 두 종류의 전적典籍이 확실히 존재하였던 것이며, 그 후 지상에서 사라진 것이 1973년 세상에 다시 나타난 것으로 유추 해석되기 때문이다. 게다가 마왕퇴『황제』4편은『노자』2편甲乙本과 함께 출토되었다.

이 부분의 비단 파편을 처음 연구한 당란唐蘭이『고고학보

考古學報』1975년, 제1기에서 "마왕퇴 출토본『노자』을본乙本의 고일서古佚書 연구"라는 글에서『수서』경적지에서 말한『황제』4편과,『노자』2편이 마왕퇴에서 (오랫동안 잠들었다가) 선보인 자료와 일치한다는 발표가 있자, 연구자들 대부분은 이와 같은 유추해석에 대하여 찬성하고 있다.

만일 마왕퇴『황로백서』가『황제사경』을 가리킨다면, 이는 황로학의 연구에 새토운 기원을 제공할 수 있는 사건이 된다. 왜냐하면, 기실 황로학이라는 이름이 전해지고 있지만, 그 내용이 신비적이고 오리무중이었기 때문이다. 그러므로『황제사경』은 황로학의 '黃'을 보충하는 중요한 단서가 된다.

이 자료 즉『황로백서』를 놓고, 학자들은 황로학의 기원 시기를 유추할 수 있게 되었다. 당란唐蘭은 황로학을 기원전 400년 이전으로 잡고 있다. 이는 사마천의『사기』에 보이는 신도, 신불해의 시기 이전으로 소급하는 것이며,[32] 전국시대 중기에 해당한다. 물론 여기에 다른 주장이 현존하고 있다.

황로학파가 존재하였고 신도, 신불해 및 한비가 연관되어 있었다면, 황로학은 당대 시대정신의 한 가닥이고, 동시에 법가 계통과 연결되고 있음을 확신할 수 있다. 그렇다면 황로학의 전승은 어떠한가? 사마천 『사기』 열전에 다음과 같은 내용이 전하고 있다.

일찍이 제나라의 괴통蒯通과 주보언主父偃은 악의樂毅가 연燕나라 왕에게 올린 편지를 읽을 때마다 책을 덮고 울지 않은 적이 없었다고 한다. 낙신공樂臣公은 황제와 노자의 학문을 배웠다. 그의 직계 스승은 하상장인河上丈人이라고 부르는 사람인데, 어디 출신인지 확실하지 않다. 하상장인은 안기생安期生을 가르쳤고, 안기생은 모흡공毛翕公을, 모흡공은 낙하공樂瑕公을, 낙하공은 낙신공樂臣公을, 낙신공은 개공蓋公에게 가르쳐주었다. 개공은 제나라의 고밀高密과 교서膠西의 땅에서 가르치며 조상국曹相國(조참曹參)의 스승이 되었다 『사기』 권80, 악의열전.

이 기록에 의하면, 황로학은 사실상 하상장인[33]에게서 시작된 느낌을 준다. 그가 누구이든지 그의 학문이 여러 사람을 거쳐서 한나라의 재상 조참에게 이르렀다는 사실은 주

의를 요한다. 조참은 한 고조 유방劉邦과 같은 고향 사람으로
고조를 도와서 여러 전투에서 싸웠다. 고조가 죽고, 그의 아
들 혜제惠帝 때에 그는 상국이 되었다. 『사기』 조상국세가曹
相國世家에 다음과 같은 내용이 전하고 있다.

> 상국 조참의 야전의 공토는 위에서 말한 바처럼 회음후 한신
> 韓信과 같다. 한신이 멸망한 후, 열후列侯의 공을 봉한 것 중에
> 서 유독 조참이 그 이름을 드러냈다. 조참이 한의 상국이 되
> 자, 청정무위淸靜無爲가 도가道家의 도리에 부합한다고 극력 말
> 하였다. 그런데 백성들이 진秦의 가혹한 통치를 받은 후, 조참
> 이 그들에게 무위이치無爲以治로 휴식하게 하자, 세상 사람들
> 이 모두 그 공덕을 칭찬하였다『사기』 권54, 조상국 세가.

여기서 언급한 '청정무위' 및 '무위이치'는 황로학을 의미
한다. 난세가 오랫동안 지속하고, 진의 폭정에 시달린 백성
에게, 조참은 청정과 무위로써 휴식을 줌으로써 원기를 회
복하게 하였다는 뜻이다. 무위의 공능功能이 어떠한 것인지
를 이해할 수 있는 좋은 본보기이다.

그렇다면 황로학은 어느 시기에 가장 성세를 누렸는가? 우리는 그 자취를 『사기』 및 『한서』에서 찾을 수 있다. 사마천의 기록을 보기로 한다.

청하왕淸河王의 태부 원고생轅固生은 제나라 사람이다. 『시경』에 정통해서 경제景帝 때 박사가 되었다. 그는 경제의 면전에서 황생黃生과 더불어 논쟁한 적이 있었다. … 두태후竇太后가 『노자』의 글을 좋아하여, 원고생을 불러 『노자』의 문장에 대해서 물은 일이 있었다. 원고생이 대답하기를, "이것은 무식한 하인의 말 뿐입니다"라고 하였다. 태후는 화가 나서 "어떻게든 사공司空³⁴의 성단서城旦書³⁵를 받도록 하겠다"라고 하였다. 이에 원고생을 짐승 우리에 들어가도록 하여 돼지를 찔러 죽이는 벌을 내렸다. 경제는 태후의 화풀이와 원고생의 무죄임을 알고, 원고생에게 예리한 칼을 건네주어 돼지를 찌르게 하였는데, 원고생은 정확하게 심장을 찔러서 돼지를 단번에 넘어뜨렸다. 태후는 잠자코 있었고, 다시 죄를 물을 수 없자 그만두었다. 얼마 안 되어 원고생은 … 병으로 벼슬을 그만두었다

『사기』 권121, 유림열전儒林列傳 / 『한서』 권88, 유림전儒林傳.

앞에서 언급한 고고학자 당란의 주장에 의하면, 황로학의 기원은 기원전 400년 이전으로 소급되어, 전국 시대 중기에 해당하였다. 그러나 황로학이 크게 유행하였던 시기는 한초漢初로 보인다. 사마천의 『사기』와 반고班固의 『한서』 여러 곳에서 이와 같은 실증 자료가 있다.

『사기』에 전술한 신도, 신불해 및 한비 이외에도 황로학에 관련된 인사들의 다음과 같은 이야기가 있다. 한 문제文帝 때 인물 장석지張釋之가 황로학에 뛰어난 은자隱者 왕성王生의 버선 대님을 매주고 살아남은 이야기,[36] 무제武帝 때의 인물 급암汲黯이 황로학을 배워서 관리와 백성을 통치하는데 청렴하고 조용한 방법을 좋아하였다는 이야기,[37] 경제景帝 때 인물 정당시鄭當時가 황로의 학설을 좋아하였다는 기록 등 『사기』 권120이 그것이다.

『한서』에도 같은 내용의 이야기가 전하고 있으며, 중복되지 않는 것으로 다음과 같은 예가 있다. 무제 때 인물, 양왕손楊王孫[38]이 황로의 술術을 좋아하여 천금이 넘는 재산으로 가업을 꾸렸다는 이야기,[39] 조참이 황로술을 써서 백성을 안정시켰다는 이야기[40] 등이 그것이다. 이와 같은 사례들을 놓고 볼 때, 황로학이 당대에 유행하였던 학문임을 유추할 수 있다.

황로학의 유행에는 문제文帝, 在位 B.C. 180~B.C. 157와 경제景帝, 在位 B.C. 157~B.C. 141의 정권이 뒷받침되고 있음을 기억할 필요가 있다.[41] 그중에서도 경제의 모친 두태후의 영향력이 상당히 컸을 것으로 짐작된다. 그녀는 평소에 황제와 노자의 말을 좋아하였을 뿐 아니라, 이를 주위에 강요하여 읽도록 하였으므로, 황제 이하 태자까지 부득불 황로의 책을 읽지 않을 수 없었다.[42]

그러나 건원建元 6년, 즉 기원전 135년에 두태후가 세상을 떠나자, 황로학은 서서히 몰락의 길로 접어든다. 때는 한무제 시기이다. 『사기』에 다음과 같은 기록이 전한다.

지금의 황제(한무제를 말함/필자주)가 즉위할 무렵, 조관趙綰, 왕장王臧 등이 유학에 정통하였고, 황제 또한 이에 뜻을 두었다. … 두태후가 죽자, 무안후武安侯 전분田蚡이 승상이 되어, 황로와 형명刑名 백가의 학설을 배격하고, 유학자 수백 명을 초청하였는데, 공손홍公孫弘은 『춘추春秋』로써 한낱 평민에서

삼공三公에 오르고, 평진후에 봉하여졌다. 이로써 세상의 학자들은 일제히 유학으로 기울어졌다『사기』권121, 유림열전.

한비가 세상과 인연을 맺은 시기는 '문경지치文景之治, B.C. 180~B.C. 141' 이전의 시기로, 대략 100년의 시차가 있다. 거의 확실한 사실은 한비의 시절에 유행하였던 황로학이 한대 초기에 들어서서 서서히 사라졌고, 시대정신이 유가의 그것으로 바뀌었다는 점이다. 인간은 자신의 믿음과는 다른 영역을 무시하거나, 혹은 배척하는 경향이 있으므로, 유자儒者들에 의하여 황로학이 배척당하고, 따라서 역사의 무대에서 사라진 것이다.

여기에 더하여 무제는 동중서의 건의를 채택하여 유학 독존獨尊의 세상을 만들어갔으니, 이후 유학은 중국의 정통 학문으로 자리 잡고, 황로학은 세상에서 자취를 감춘 것이다.[43]

제 5 장
한비의 철학사상
— 도道와 덕德 개념을 중심으로

한비 철학의 최고 근본 카테고리는 '도道'이다. '도'의 문제는 본체론 혹은 우주론에 속한다. 이는 비단 한비뿐만이 아니라, 중국 고대 여러 사상가들의 공통 관심사였다. '도'에 대하여 무관심한 고대 사상가는 없다고 말해도 과언이 아니다. 『한비자』 제5편에 「주도主道」가 있다. 그는 서두에서 '도' 문제를 다루고 있는데, 대체로 노자의 사상을 부연하고 있다.

도는 만물의 시원始源이며, 시비의 기준이다. 그러므로 밝은 군주는 만물의 시원을 탐구함으로써 만물의 근원을 알며, 시비의 기준을 연구하여 선악의 단서를 안다. 그러므로 허정虛

靜의 태도로 만사를 대하면, 명분[名]은 자연히 형성되고, 사물
[事]은 자연히 건립된다. (내심이) 허하면 실정實情을 알고, (몸
이) 청정하면 행동의 올바름을 안다『한비자집해』 권1. 주도.

또한 제20편 「해로解老」에는 다음과 같은 글이 전한다.

도는 만물의 생성원리[所然]이요, 만 가지 ‘리’가 의지하는 바
이다. ‘리理’란 사물을 이루는 문채[文]이다. 도란 만물이 이루
어지는 까닭이다. 그러그로 말하기를, “도가 곧 ‘리’라고 한다”
『한비자집해』 권6. 해로.

이와 같이 한비 철학에 있어서 ‘도’는 최고의 카테고리이
다. ‘도’는 만물의 시원이며, 동시에 생성의 원리이다.[44] 한비
의 ‘도’ 개념은 노자의 사상과 ‘황로학’의 연장선에 있다.

하늘은 도를 얻어서 높고, 땅은 도를 얻어서 간직한다. 북극
성은 도를 얻어서 그 위세를 이룬다. 해와 달은 도를 얻어서
그 빛을 변하지 않는다. … (고대의 선인) 적송자赤松子는 도를

얻어서 천지와 더불어 통하고, 성인은 도를 얻어서 제도와 문물을 이룬다『한비자집해』 권6, 해로.

이와 같은 도는 『도덕경』에서 강조된 바와 같이, 인간의 인식 능력으로 파악되는 대상이 아니다. 그러나 도는 비록 듣고 볼 수 없는 것이지만, "형상이 없는 형상이요, 사물이 없는 모양"이다. 이를 『도덕경』 14장에서는 "無狀之狀, 無物之象"으로 표현하고 있다『한비자집해』 해로편『도덕경』 제14장 주석 참고.

사실 도는 언어로 규정할 수 없는 그 무엇이다. 그것을 언어 표현으로 규정하기 위하여 '리理' 혹은 '상常'이라는 억지 용어를 사용하고 있다.

무릇 '리理'란 모남과 원, 길고 짧음, 거칢[麤]과 미세함, 견고함과 위약함을 분별하는 것이다. 그러므로 '리'가 정해진 후에 사물이 비로소 도를 얻는다. 그러므로 리가 정해진 연후에 존재와 소멸, 생존과 죽음, 흥성과 쇠망이 있다. 대저 사물의 일시적 존재 혹은 일시적 소멸, 갑자기 죽거나 태어남, 먼저 흥성하고 나중에 쇠망하는 따위는 '상常'이라고 말할 수 없다. 오로지 천지의 창조[剖判] 이후에 함께 태어나는 것, 천지의 흩어짐[消散]에 이르러도 죽지 않고, 쇠망하지 않을 것을 가리켜 '상'이라고 말한다. 그러므로 '상'이란 변화하지 않는 것이고, 정해진 '리'도 없는 것이다. 정해진 '리'가 없는 것이니, '상'의 상태가 아니므로 이 때문에 말로써 표현할 수 없다. 성인이 그 현허玄虛함과 주행함을 보고, 억지로 이름 붙여 '도'라고 하였다『한비자집해』 권6, 해로.

이상은 『도덕경』 제1장 "道之可道, 非常道也"의 내용에 관한 한비의 주석에서 보이는 '리理'와 '상常'의 개념에 대한 설명이다. 그러나 '리'. '상'의 개념은 도를 표현하는 방편적인 설명에 불과하다. 그러므로『한비자』 원문에서도 "强字之曰道"라고 표현하고 있다.

한비에 의하면 자연계의 본질은 '도'로 표현되지간, '도'로 말미암아 내재적으로 형성되는 성질은 '덕德'이다. 그는 「해로」편에서 다음과 같이 말한다.

덕德은 내부적인 것이요, 득得은 외부적인 것이다. '상덕부덕

上德不德'이라고 말하는 것은 그 정신[神]이 밖으로 어지럽지 않다는 말이다. 정신이 밖으로 어지럽지 않으니, 몸[身]이 온전하다. 몸이 온전함[全]을 일러 '덕'이라는 것이다. '덕'은 몸을 얻은 것이다『한비자집해』권6. 해로.

왕선신王先愼은 상기 문장의 끝 부분에 보이는 "全身之謂得. 得者, 得身也"에서 앞의 '得'자 두 글자는 원래 '德'자라야 옳다고 주장한다. 그렇다면 "全身之謂德. 德者, 得身也몸이 온전함을 일러 '덕'이라는 것이다. '덕'은 몸을 얻은 것이다"라고 새겨야 하겠다.

위 글에서 한비가 언급한 말 '상덕부덕'은 노자『도덕경』제38장의 말이다. 한비에 의하면 '덕'은 이처럼 내재적인 성질을 지닌다. 그러나 그것은 몸을 통해서 드러날 수밖에 없다. 노자의 사상에서 보이듯이, 도의 주체적 성격이 사람에게 나타날 때 이를 '덕'이라고 부른다. '덕'은 곧 '도'의 인격화 내지 윤리화이다. 그러므로 '덕'은 '도'에 근원한다. '도'가 주체라면, '덕'은 곧 작용이다.[45]

제 6 장
한비의 윤리사상
― 인성人性을 중심으로

'도'의 문제가 철학상 본체론(우주론)에 속하면, 인간 본성의 문제 즉 인성론은 윤리의 범주에 속한다. 선진先秦 시대 인성론은 대체로 세 가지 방향으로 전개되고 있다. 하나는 본성이 선하다는 맹자의 '성선설', 본성이 악하다는 순자의 '성악설', 본성은 선하지도 악하지도 않다는 고자告子의 '성무선무불선설性無善無不善說'이 그것이다.[46]

한비의 인간 본성에 대한 이해는 본질적으로 스승 순자의 사상과 연관을 맺고 있다. 그는 인간의 본성은 악하다고 직접적으로 언급하지는 않았지만, 인간을 근본적으로 이익을 좋아하고 해로움을 싫어하는 존재로 파악하고 있다. 이는 한비 인성론의 골자이다.

이익을 좋아하고 손해를 싫어함은 보통 사람들이 모두 가지고 있는 공통의 본성이다好利惡害, 夫人之所有也. 상을 풍부하고 확실하게 주면, 사람들은 적병을 두려워하지 않을 것이다. 형벌을 엄중하게 하고 일정하게 관철하면, 사람들은 패배하여 도망치지 않을 것이다. 고상한 품성을 지닌 사람이 있어 군주에게 헌신하는 사람은 잘해야 일백 명 중 한 명 정도이다. 이익을 좋아하고 형벌을 싫어함은 그렇지 않은 사람이 없다『한비자집해』 권15, 난이難二.

한비에 의하면, 이처럼 인간의 본성은 이익을 좋아하고 손해를 싫어한다. 이에 대하여 예외란 없다. 인간은 누구나 생래적으로 이익을 추구한다는 한비의 인식은 그의 스승이었던 순자의 사상과 관련이 있다. 철학사상 잘 알려진 내용이지만, 한비 사상의 돈독한 이해를 위하여 순자 성악설의 요지를 소개하면 다음과 같다.

사람의 본성은 악하다. 선한 점이 있는 것은 노력의 결과[僞, 작위]이다. 사람의 본성은 태어나면서부터 이익을 좋아하니, 본성을 좇아서 다툼(쟁탈)이 생겨나며 사양하는 마음이 없어진다. 사람은 태어나면서부터 시기하고 미워하는 마음이 있으니 본성을 좇아서 남을 해치는 놈들이 생겨나고 정성과 믿음은 망한다. 태어나면서부터 이목의 욕심이 있으니 성색聲色을 좋아함이 있다. 본성을 좇아서 음란이 생기고 예의 법도는 망한다. 그러한즉 사람의 본성을 좇고 정을 따르면 반드시 다툼(쟁탈)이 생겨 범죄가 발생하고 예의 법도가 무너져서 마침내 폭란暴亂으로 돌아간다. 그런 까닭에 스승의 교화와 예의 도리가 있은 연후에, 사양하는 마음이 생겨나고 예의 법도에 합하여 마침내 잘 다스려지는 경지[治]로 돌아간다. 이와 같은 점을 놓고 본다면, 사람의 본성이 악하다는 것은 분명하다. 그 선함은 노력의 결과이다[47] 왕선겸王先謙, 『순자집해荀子集解』 下권 17, 성악편.

이상의 내용을 놓고 한비는 스승의 말을 그대로 반복하고 있지는 않으나, 적어도 "사람의 본성은 태어나면서부터 이익을 좋아한다今人之性, 生而有好利焉"라는 구절을 명심하고 이를 받아들이고 있음이 확실하다. 한비는 또 다음과 같이 말한다.

> 안전하고 이로운 일에 당하여는 모두 나아가고, 위험하고 해로운 일에 당하여는 모두 도망친다安利者就之. 危害者去之. 이는 사람의 보통 인정이다. 이제 신하로서 죽을힘을 다하고, 지혜로써 충성을 바치는 자가 있을지라도 그들의 몸이 곤경에 처하고, 집안이 가난(빈궁)에 처하며, 아버지와 아들이 죄를 받을 수 있다. 그러나 간사한 수단으로 군주를 가리고, 재물을 써서 뇌물을 대신에게 바치면 도리어 자신이 존귀하게 되고, 집안이 부유하게 되며, 아버지와 아들이 은택을 입을 수 있다. 그러니 사람으로서 어찌 안전하고 이로운 길을 포기하고, 위태로우며 해로운 경지로 나아갈 수 있겠는가?『한비자집 해』권 4, 간겁시신姦劫弑臣

이와 같은 예에서 볼 수 있듯이, 한비는 인간을 철저하게 이익을 추구하고 해로움을 피하는 존재로 인식한다. 그는 순자처럼 인간의 본성이 본래 악한 존재라고 단언하지는 않았으나, 대체로 인간이 이익을 좇는 경향에 의하여 선한 측면보다는 악한 측면이 있다고 본다.

한비의 인성론은 상앙의 그것과 궤도를 같이 한다. 상앙의 저술 『상군서商君書』에는 여러 차례에 걸쳐서 인간의 본성이 이익을 좋아하고 있음에 대하여 언급되고 있다. 그 대표적인 몇 가지를 들어본다.

그러므로 인간은 살아서는 이익을 도모하고, 죽을 때는 명성을 생각한다『상군서』 산지算地.

인간의 본성은 굶주리면 먹을 것을 구하고, 수고로우면 편안함을 찾고, 괴로울 때는 쾌락을 추구하고, 욕을 당하던 영예를 원한다. 이는 백성의 정서이다. 백성이 이익을 구할 때 예절의 법도를 잃기 쉽고, 명예를 구하면 본성의 도리를 잃기 쉽다. 무엇으로 그렇다고 단언하는가? 이제 도적이 위로는 군주가 금지하는 것을 범하고, 아래로는 신하나 백성들이 예절을 잃어서, 명예가 욕되고 생명이 위태로운데도 도적질을 그치지 않는 것은 이익 때문이다. … 그러므로 말하건대 명예와 이익이 모이는 곳에 백성이 따르게 된다『상군서』 산지.

상앙이 말하는 이익[利]은 두 가지 내용을 포함하고 있다. 하나는 물질적 이익으로 토지, 벼슬자리 그리고 재물을 말한다. 또 다른 하나는 정신적인 이익으로 사회의 명성 및 사회의 지위를 가리킨다.

한비는 이와 같은 상앙의 인성호리설人性好利說에 대해서 동조하고 영향을 입고 있음이 확실하다. 그는 사회의 일반 구성원은 이기적인 기초 위에 건립되어 있다고 본다. 그는 다음과 같이 말하고 있다.

그러므로 수레를 만드는 사람은 (수레를 탈 수 있을 만큼) 다른 사람의 부귀를 소망하고, 관을 짜는 장인은 다른 사람이 일찍 죽기를 바란다. 이는 수레를 만드는 사람이 인자하거나 관을 짜는 사람이 잔인[毒]해서가 아니고, 사람이 부귀하지 않으면 수레가 팔리지 않기 때문이요, 사람이 죽지 않으면 관이 팔리지 않기 때문이다. 장인이 사람들을 증오해서가 아니고, 그의 이익이 사람이 죽는 데 있기 때문이다『한비자집해』권5 제17편. 비내備內.

한비의 입장에서는 비단 사회 구성원이 이처럼 잠재된 이해관계에 놓여 있을 뿐 아니라, 군주와 신하의 관계 또한 일종의 매매관계로 비유된다.

전유田鮪는 그 아들 전장田章에게 말하였다. "몸이 이롭기를 원하면, 먼저 군주를 이롭게 해주어야 한다. 집안이 부자가 되기를 원하면, 먼저 나라를 부자가 되게 해야 한다." 전유는 또 그 아들 전장에 말한다. "군주는 벼슬을 파는 자이요, 신하는 지식을 파는 자이다. 그러므로 '스스로의 실력에 의지하고 다른 사람에게 기대서는 안 된다'라고 한 것이다"『한비자집하』 권14, 외저설우하外儲說右下.

"군주는 벼슬을 파는 자이요, 신하는 지식을 파는 자이다主賣官爵, 臣賣智力"라는 한비의 현실 인식은 냉엄하고 잔인한 인간관계의 이해타산에 근거한 것이다. 한비에 의하면, 군주와 신하의 관계는 이 정도에 그치는 것이 아니다. 군주와 신하는 골육骨肉의 친척 관계가 아니며, 이들은 하루에도 일백 번 다투는 관계이다『한비자집해』 권5, 비내備內. 이와 같은 타산적인 인간본성의 이해를 놓고 보면, 한비를 비관론자로 보아서 무리가 없겠다.

우리는 또한 한비의 이야기에서 상당히 흥미로운 관점의 하나를 찾을 수 있다. 즉 한비는 이른바 이타주의마저도 인간 본성의 이기심의 연장선에서 이해하고 있다.

그러므로 왕량王良이 말을 사랑하고, 월왕 구천句踐이 사람을 아낀 것은 전쟁을 위해서 그러하였고, (오기吳起의 고사가 있는 것처럼) 의사가 다른 사람의 악성 종기를 입으로 빨고 입에 피를 묻히는 것은 골육의 친함이 있어서 그러한 것이 아니요, 이익이 생기기 때문이다『한비자집해』권5. 비내.

필자는 이와 같은 한비의 이야기를 놓고 현대윤리학에서 말하는 '호혜적 이타주의' 이론을 떠올린다. 즉 개인들이 서로 다른 시기에 행하는 이타적 거래행위를 말하는데, 예컨대 어떤 이타적 행위가 상황이 바뀌면 보상을 받을 것이라는 약속(혹은 기대)하에 물에 빠지는 사람을 구조하는 행위 등을 말한다. 위의 글을 놓고 비유하면, 춘추시대 진晉나라 인물 왕량이 말을 사랑한 까닭은 전쟁터에서 전차를 잘 몰기 위한 조건이고, 춘추시대 월왕 구천이 와신상담의 고통을 참아가며 사람을 아낀 것은 훗날의 복수를 위한 준비행위요, 장군 오기가 졸병의 환부인 종기를 입으로 빨았던 것은 전쟁터에서 잘 부려먹기 위한 것이라는 내용이다.

한비에 의하면 이들 행위는 골육의 친함 때문이 아니며, 철저하게 이익을 바라보고 시행된 계산된 행위라는 뜻이다.[48] 아무튼 한비의 인간 이해가 이와 같은 기반 위에 형성되어 있었기 때문에, 그의 법에 대한 집착이 매섭고 가혹할 수밖에 없는 운명을 닸다고 진단할 수 있다.

제 7 장
한비의 역사관

무릇 모든 사상가는 역사에 대하여 일정 견해를 지닌다. 중국 고대사상의 발전사에 있어서도 예외가 아니다. 학자들은 수인, 복희, 신농 등 삼황三皇과 황제黃帝, 전욱, 요, 순, 우 등 오제五帝의 존재에 대하여 인용하고 있다.[49] 문제는 이들 3황 5제의 시절이 지나치게 미화되는 데 있다. 즉 고대로 올라갈수록 민심이 순박하고, 후대로 내려올수록 민심이 타락하게 되었다고 보는 관점이다. 이와 같은 역사 인식은 고대에 인류의 이상향이 존재하였고, 시간이 흐름에 따라서 인류는 이상향에서 멀어졌다는 견해로 굳어지게 된다.

중국 고대에 인류의 이상향이 존재하였고, 후대의 현실을 고대로 되돌려 환원해야 한다는 역사 인식을 우리는 '복고사관'이라고 부른다. 인간 공자도 이와 같은 복고사관에서 예외가 아니며, 유가·도가·묵가를 막론하고 대부분의 고대 사상가들은 복고사관을 지니고 있었다. 몇 가지 예를 들어보자.

○ 만일 나를 써주는 군주가 있다면, 나는 동주東周를 만들 것이다『논어』 양화편.

○ 나라는 작고 백성은 적다. 편리한 기계가 있어도 사용하지 않게 한다. … 사람들로 하여금 다시 새끼를 엮어 쓰게 하고 … 사는 곳을 편안하게 여기게 한다. 이웃 나라가 서로 바라보이고, 닭 울고 개 짖는 소리가 서로 들릴 정도로 가까워도 백성은 왕래하지 않는다『도덕경』 80장.

○ 만일 옛적 3대 성왕으로 말할 것 같으면, 족히 본보기[法]로 삼을 만하다『묵자』 명귀편下.

○ 문왕을 본받을 일이니, 문왕을 스승 삼으면 큰 나라는 5년, 작은 나라는 7년이면 반드시 바람직한 정치를 하게 될 것이다『맹자』 이루장上.

이상의 예문에서 공자는 주나라 문명을 그리워하였고, 노자는 기계를 사용하지 않은 고대 사회를 이상으로 여기고 있고, 묵자는 하夏-상商-주周 3대를 본보기로 삼자는 것이며, 맹자는 고대 인물 문왕을 스승으로 삼아 그 시대의 정치 상황으로 돌아가자는 주장임을 읽을 수 있다. 이들 모두가 역사는 시간이 흐름에 따라서 타락 내지 퇴화하고 있다는 인식을 공유하고 있다. 그러므로 고대 사상가들의 대부분이 복고주의 경향을 보이고 있음을 부정할 수 없다.

그러나 한비는 유가, 묵가 혹은 도가가 주장하는 3대 선왕의 윤리적 역사인식을 반대하고, 역사란 시간이 흐름에 따라서 발전한다는 견해를 피력하고 있다. 우리는 이와 같은 견해를 '발전사관'이라고 부를 수 있다. 한비의 인식은 일정 부분 상앙(공손앙)의 견해와 일치한다. 한비의 말을 들어보자.

아주 먼 옛날 인민은 적고, 동물은 많았다. 사람들은 동물의 힘을 이길 수 없었다. 그러자 어떤 성인이 나와서, 나무를 얽어 집[巢]을 짓게 하고 동물로부터 피해를 면하게 하였다. 사람들이 이를 기뻐하고 그를 유소씨有巢氏라고 불렀다. 사람들이 조개류 등 날것을 먹자 비린내와 부패한 음식으로 말미암아 위장이 탈나고, 질병이 있게 되었다. 그러자 어떤 성인이 나와서, 불을 때서 익혀 먹게 하여, 피해를 면하게 하였다. 사람들이 이를 기뻐하고 그를 수인씨燧人氏라고 불렀다. 세월이 흐른 뒤, 천하에 홍수로 인한 피해가 발생하자, 곤鯀-우禹 부자가 나와서 도랑을 파고 해결하였다. 근고近古의 시기 걸傑-주紂의 폭란이 있자, 탕湯-무武가 이들을 정벌하였다. 만일 지금 어떤 사람이 하夏나라 시절에 집을 짓듯이 하면, 곤-우는 웃을 것이다. 또 만일 지금 어떤 사람이 상商나라 시절 도랑을 파듯이 하면, 탕-무는 웃을 것이다. 그러므로 요-순-우-탕의 방법이란 것도 새로 성인이 나오면 필시 웃음거리가 될 것이다. 이를 놓고 본다면, 성인이란 옛것을 따라서 구하지 않고, 고정불변의 것을 본보기로 삼지 않고不期脩古. 不法常行, 당대의 형세를 연구하고, 새로운 조취를 취하는 자이다『한비자』 권19, 오두五蠹.

이 구절에 이어서 송인宋人이 나무 그루터기에 앉아서 토끼를 기다린다는 '수주대토守株待兎'의 고사가 소개되고 있다. 다시 말하면 옛것을 지키며 미화하는 행위는 토끼가 자살하려고 나무에 와서 머리를 쳐박고 죽기를 기다리는 것과 다를 바 없다는 말이다.

한비는 이처럼 역사의 이상은 고대로 돌아가는 복고적인 것이 아니고, 미래를 항하여 나아가는 발전적인 것이어야 한다고 보고 있다. 그러므로 한비는 당연히 유가와 묵가의 복고주의를 비난한다. 이 점을 놓고 평가한다면, 한비의 역사 인식은 당시의 묵수적墨守的 태도와는 정면으로 배치되는 것이다.

유가적인 역사관은 하나의 이상주의로써 선왕을 본받고, 어진 정치를 행한다法先王. 行仁政는 논거를 가지며, 선왕이 지배하였던 과거의 순박한 시절을 미화하고, 할 수만 있다면 그 시기로 돌아가자는 주장을 펴고 있다. 이는 보통 주대周代 문화를 회복한다는 표현으로 등장한다. 그러나 한비에 의하면, 인간은 이해관계에 따라서 행동하는 동물이며, 고대의 이상이란 현실적이지 못한 잘못된 인식이라는 것이다.

제 8 장
한비의 법치사상 내역

"세상에서 행세하는 학문은 유학과 묵학이다世之顯學, 儒墨也"
『한비자』 권19, 현학顯學라는 한비의 말에서 알 수 있듯이, 한비의
시대에 공자의 유가와 묵자의 묵가 사상이 세상을 만나서
잘나가고 있었다. 한비는 비록 유가인 순자에게서 공부하
였지만, 유가의 이상주의적 경향과 묵가의 비현실적 경향을
동시에 비판한다. 그에게는 노자의 도가 이론이 참고할 만
한 사상이었다. 그러드로 법가 사상의 상당 부분은 도가와
중첩된다.

말더듬이로 인하여 '지체부자유한 인물'이 되어 사람 행세
를 제대로 하지 못한 한비에게 세상은 그렇게 친절한 곳이

아니었다. 그는 잠재적인 열등의식에 괴로워하였다. 그는 세상에서 쓸어버릴 놈들을 다섯 종류로 나누었다. 이놈들은 책이나 의복을 갉아먹는 좀과 다를 바 없는 존재들이었다.

그러므로 혼란스러운 나라의 풍속은 다음과 같다. '먹물'은 선왕의 도를 칭송함으로써 인의를 말하고, 용모와 복장으로 치장하고 변설을 꾸민다. 당대의 법에 의문을 가지고, 군주에게 두 마음을 품는다. '옛날 일을 떠들어대는 놈(고언자古言者, 즉 세객說客)'은 거짓말을 늘어놓고, 외부의 힘을 빌려 그 사사로운 욕심을 채우고, 나라의 이익을 저버린다. '칼잡이(대검자帶劍者, 조폭)'는 무리를 모아서 절개를 지킨다고 이름을 날리고, 관청에서 내린 금령을 범한다. '환관(환어자患御者, 아첨자)'은 권력자의 아래로 들어가, 뇌물을 주고, 요직에 중용된 사람에게 기대어 노역이나 전쟁의 괴로움을 면한다. '장사치(상공지민商工之民)'는 조악한 그릇을 만들고, 재물을 모아 축재하며, 때를 기다렸다가 농부의 이익을 가로챈다. 이 다섯 종류는 나라의 좀벌레이다. 군주가 이 다섯 가지 좀벌레를 제거하지 않고, 의리가 있는 인사를 기르지 않으면, 천하에 멸망하는 나

라, 영토가 줄어서 망하는 정부가 있다는 것이 괴이한 일은
아니다『한비자집해』 권 19, 오두五蠹.

이상에서 보는 바와 같이 한비는 인의예지를 주장하는 '먹
물(즉 유자의 집단)', 혓바닥만 살아 움직이는 종횡가의 무리인
'세객', 묵자의 무리인 '칼잡이(즉 협사俠士 집단)', 불알 없는 고
자 집단인 '환관(환어患御는 근시近侍와 같은 뜻임)'[50] 그리고 축재
에만 눈이 어두운 '장사치'(상공지민)'를 쓸어버려야 할 대상으
로 삼고 있다.

1970년 5월 대한민국의 시인 김지하는 『사상계』에 〈오적
五賊〉이라고 이름하는 장편 담시譚詩를 발표한다. 이는 1970
년대 초 부정부패로 물든 한국의 대표적 권력층 가운데 재
벌, 국회의원, 고급공무원, 장성, 장차관 등을 세상에서 쓸
어버려야 할 다섯 종류의 도둑으로 비유한 것이다. 박정희
독재정권의 서슬이 새파랗던 시절, 이 작품을 발표한 『사상
계』는 폐간되고, 시인은 국가보안법 위반이란 죄목으로 구
속되었다. 이 작품을 발표한 시인이 『한비자집해』 권19, 오
두五蠹를 읽고 시를 지었는지는 모를 일이다.

아무튼 한비에게 이와 같은 다섯 종류의 좀벌레 같은 놈들을 쓸어버리려면 군주는 강력한 권력을 소유하지 않으면 안 된다. 그것은 이른바 '덕'을 가지고 될 수 없는 일이다.

대저 성인이 나라를 다스리는 데 있어서 백성들이 착한 일을 한다고 믿지 않고, 다만 나쁜 일을 하지 않게 만든다. 착한 일을 하는 사람은 한 나라 안에 10명도 힘들지만, 나쁜 일만 하지 못하도록 하면 그 나라는 다스려질 수 있다. 다스리는 자는 대다수를 상대하는 것이고, 몇 안 되는 인원은 버려두어야 한다. 그러므로 군주는 덕을 힘쓰지 않고 법을 힘써야 한다

『한비자집해』 권19, 현학.

한비는 순자에게서 성악설을 배웠을 것이다. 그는 인간의 본성이 본래 악한 존재이므로, 선에 기대할 수 없다. 믿을 것은 오로지 강력한 법밖에 없다는 말이다. 군주는 '세勢'에 의지하고, '술術(백성을 다스리는 내면의 책략)'을 가지고 있어야 하며, 그리고 '법'을 집행해야 한다. 군주에게 요구되는 것은 도덕이 아니며, 인격적 감화도 필요치 않다. 그가 말하는

‘법’은 성문법이며 백성들에게 공포되어야 한다. 한편 ‘술’은 군주의 가슴속에만 있고 밖으로 표시되어선 안 된다.

1. 법의 기본정신

대저 법이란 무엇인가? 앞에서 필자는 법가의 선구자들로 관중, 신도, 신불해 그리고 상앙을 소개하였다. 법의 개념은 이들을 거쳐서 한비에게 전하여지고 정리되었다. 따라서 그들의 법 개념의 대강을 소개하는 일이 필요하다. 몇 가지 필요한 내용을 정리하면 다음과 같다.

○ 법이란 천하의 모범[儀]이다. 이른바 의문을 해결하고 옳고 그름을 밝히는 것이다『관자교석管子校釋』권17, 금장禁藏.

○ 대저 법이란 군주가 백성을 하나로[一] 부리는 것이다『관자교석』권15, 임법任法.

○ 대저 법이란 공로를 일으키고, 폭란을 두렵게(i.e. 계압) 하는 것이다『관자교석』권17, 칠신칠주七臣七主.

○ 나라를 다스리는 것에 세 가지가 있다. 첫째 법이요, 둘째

믿음이요, 셋째 권세이다. 법이란 군주와 신하가 함께 부리는 것이며, 믿음이란 군주와 신하가 함께 서는 것이며, 권세란 군주가 혼자 독재하는 것이다. 군주와 신하가 법을 해석함에 있어 사사로움에 의지하면 반드시 어지러워진다『상군서추지商君書錐指』 권3, 수권修權.

○ 법령이란 백성의 명령이요, 다스림의 근본이니, 이로써 백성을 갖추는[備] 것이다『상군서추지』 권5, 정분定分.

이상의 법 개념을 종합하면, 고대 선진 시대 '법'이란 넓은 의미로 쓰이고 있음을 알 수 있다. 그것은 1차적으로 하나의 모범으로서 작용을 하고 있는데, 이런 의미라면 "법을 인간의 공동생활을 위한 일반적 규율의 총체"구스타프 라드부르흐, 『법철학』라고 보는 견해와 통한다. 그러나 선진 시대의 법은 동시에 2차적으로 강압적 수단을 겸비한 것으로 주로 '형법'의 의미로 다가선다.[51]

학자들은 한비에 의해서 고대 법 개념이 종합되고 정리되었다고 해석한다. 이제 한비의 법 개념을 분석하도록 한다.

법이란 관청에 걸려 있는 것이다. 형벌은 반드시 민심을 살펴서 집행되어야 하며, 상은 법을 삼가는 데 존재하고, 벌은 간사한 자들에게 적용되어야 한다. 이것이 신하들이 배우는 바이다『한비자집해』 권17. 정법.

법이란 그림이나 서적[圖籍]의 형식으로 편입되어, 관청에 설치되고, 백성에게 포고되어야 한다. … '법'은 드러나야 하고, '술'은 드러나서는 안 된다『한비자집해』 권 16, 난삼難三.

한비는 법이란 반드시 천하에 밝혀져야 하는 원칙을 주장하고 있다. 이는 법이 객관 척도로 작용해야 한다는 의미를 담고 있으며, 동시에 성문법이어야 함을 말한다. 문자를 아는 사람은 관청에 걸린 내용을 읽을 수 있어야 하고, 문자를 모르는 사람도 내용을 물어서 알 수 있게 하는 것이 법이다. 한비에 의하면, 상은 법을 삼가는 데 존재하고, 벌은 간사한 자들에게 적용된다. 이것이 신하들이 배우는 점이라는 뜻이다.

한비는 법을 제정함에 몇 가지 입법원칙을 제시하고 있다.

그 첫째로 법이란 하늘과 사람의 뜻에 적합해야 한다. 이를
'순천순인循天順人'이라고 표현할 수 있다. 한비는 말한다.

> 듣건대 옛적에 사람을 잘 쓰는 자는 반드시 하늘을 따르고 사
> 람을 좇아서 상벌을 밝혔다고 한다. 하늘을 따른다 함은 힘
> 써 노력을 덜 들이고도 공을 세울 수 있고, 사람을 좇는다고
> 함은 형벌을 많이 집행하지 않고도 명령을 시행할 수 있으니,
> 상벌을 밝게 하면 백이伯夷와 같은 (억울한) 사람이 생기지 않
> 고, 도척盜跖과 같은 도적이 (세상을) 어지럽히지 않는다. 이와
> 같이 하면 옳고 그름이 구별된다『한비자집해』 권8, 용인用人.

그렇다면 무엇을 '순천순인'이라고 하며, 어떻게 따라야
하는가? 이는 천리를 따르고 인심을 따라야 함을 말한다.

> 밝은 군주가 이른바 공명을 세움에 네 가지가 있다. 첫째 천
> 시天時요, 둘째 인심이요, 셋째 기능이요, 넷째 세위勢位이다.
> 천시를 따르지 않으면 요 임금이 10명이 있더라도 가을에 벼
> 이삭을 거두어들일 수 없고, 인심을 거역하면 비록 맹분孟賁

하육夏育과 같은 (힘센) 인물이 있더라도 일을 시킬 수 없다. 그러므로 천시를 얻으면 힘쓰지 않아도 저절로 이루어지고, 인심을 얻으면 나가자고 하지 않아도 스스로 힘쓰게 된다『한비자집해』권8, 공명功名.

'순천순인'을 주장하는 한비의 심리에 민심을 바탕으로 하는 어떤 민주주의 원칙이 있다고 보기는 어렵다. 그것은 일종 '이타적 호혜주의'의 원칙이 암암리에 적용됨을 고려한 것으로 해석된다.

한비에 의하면 입법원칙의 두 번째로 시의에 알맞아야 한다. 이는 앞에서 말하는 '천시'의 내용과 다소 겹치지만, 시의에 맞는 법을 제정해야 한다는 객관성이 강조되고 있음을 본다. 한비는 말한다.

법이 시대와 더불어 발전하면 능히 다스림[治]을 이룰 수 있고, 다스림이 시대의 스요에 적응하면 공효[功]가 있다. 그러므로 백성이 순박하면 금령으로써 명분에 맞으면 다스려지고, 백성이 교활하면 형벌로 그들을 제재해야 가히 순종하게

된다. 시대가 변화함에도 변법을 하지 않으면 국가는 혼란하
게 되고, 사회가 변화함에도 금령을 고치지 않으면, 국가는
반드시 쇠약해진다. 그러므로 성인은 순리에 따라 인민을 다
스리며, 법은 시대에 따라서 변화해야 하고, 금령은 사회의
변화를 따라가야 한다『한비자집해』 권20, 심도心度.

법은 이처럼 시의에 알맞게 변해야 하지만, 그렇다고 변
법을 너무 자주 할 일은 아니다. 만일 그렇다면 좋지 않은
결과를 초래할 수도 있다.

그러므로 사리를 놓고 판단할 때, 대중을 부려 일을 시킬 때
여러 차례 (명령을) 바꾸면 성취하는 바가 작을 수 있다. 대형
기물을 너무 자주 옮기면 손상을 입기가 쉬운 것이다. 작은
생선을 구을 때 너무 자주 뒤집으면 그 몸체를 망가뜨릴 수
있으니, 큰 나라를 다스릴 때 너무 자주 법을 바꾸면, 백성들
은 괴로움을 느낄 것이다. 그러므로 도를 아는 군주는 허정虛
靜을 귀중하게 여기고 법령을 가볍게 바꾸지는 않는다. 그러
므로 말하길, "큰 나라를 다스릴 때는 작은 생선을 굽듯이 하

라"라고 한 것이다『한비자집해』 권6, 해로解老.

이 구절은 노자『도덕경』 제60장을 놓고, 한비가 주석을 달고 있는 내용이다. 여기서 강조되고 있는 것은 군주는 빔[虛]과 고요함[靜]의 의미를 심중하게 새기고 '무위이치無爲而治'를 하라는 말이다. 다시 말하면 법이 시의에 알맞게 변함은 권장되는 일이지만, 그 같은 변법은 마치 생선을 굽듯이 신중하게 단행되어야 함을 의미한다.

한비의 입법원칙은 앞에서 인용한 것처럼 군주가 백성을 일사분란하게[-] 부리고자 제정되는 것이요, 공로를 일으키고 폭란을 제압하는 수단으로 제정되는 것으로 볼 수 있다.[52]

우리는 한비의 법을 이해함에 있어서 언제나 춘추-전국시대의 상황을 고려해야 한다. 시대는 부국강병을 구하는 때이요, 법은 이와 같은 시대적 수요를 위해서 탄생한다. 한비 법사상의 기저에는 중농을 통한 부자의 나라, 전쟁을 통한 강한 나라의 소망이 절실하게 담겨 있다. 이와 같은 논리에서, 법은 폭력 진압의 실효적인 수단으로『관자교석』권17, 칠신칠주 강조된다. 이를 위해서 상벌이 법 집행의 중요한 내용으로 소개된다. 한비는 말한다.

성인의 치세에는 금지하는 법[禁法]을 신중하게 살핀다. 금지하는 법이 밝게 되면 관치[官治]가 되고, 이는 반드시 상벌로 다스린다. 상벌이 치우치지 않으면 백성은 다스려진다. 관치가 되고 백성이 잘 다스려지면, 나라는 부유하게 되고, 나라가 부유하면 군대는 강하게 된다『한비자집해』 권18, 육반六反.

이른바 상벌이란 설득력을 가져야 한다. 한비는 상벌의 적용은 반드시 타당성을 지녀야 하며, 남용되어서는 안 된다고 강조한다.

밝은 군주는 공이 없는 데 상을 주지 않으며, 죄가 없는 데 벌을 가하지 않는다『한비자집해』 권15, 난일難一.

공이 없는데도 상을 받으면, 재물은 결핍되고 백성들은 원망한다. 재물이 결핍되고 백성이 원망하면, 백성은 군주를 위하여 진력하지 않는다. 그러므로 상이 잘못 주어지면 민심이 이반하고, 형벌이 잘못 적용되면 백성들은 두려워하지 않는다. (이렇게 되면) 비록 상이 있더라도 힘쓰기를 권장할 수 없고, 비록 형벌이 있더라도 통제(제압)할 수 없다. 국토가 광대하고 인민이 많은 들 무슨 소용이 있겠는가! 나라는 반드시 멸망하고 말 것이다『한비자집해』권5, 식사飾邪.

하늘의 그물은 넓고 넓어서 매우 성긴 듯하지만, 그러나 하늘의 그물에 걸리지 않는 것은 없다『도덕경』 73장. 사람들은 공이 없는데도 상을 받는 경우를, 죄가 없는데도 벌을 받는 사람들을 알고 있다. 혹은 그 반대도 마찬가지이다. 그럼에도 역사상 무수하게 많은 비리와 부조리가 집권자에 의하여 저질러졌다. 우리는 많은 사람들이 권력자에 아부하여 부당하게 벼슬[賞]을 받았던 점을 기억할 수 있고, 또 많은 사람들이 권력자에 반대하여 부당한 형벌을 받았던 사실을 알아볼 수 있다. 어리석은 일이 아닐 수 없다. 권력자가 공심公心을 잃고 사사로운 정의情意 때문에 정의正義가 위협당하는 일이 얼마나 많았던가!

법에 있어서 정당한 상벌의 집행에 관한 문제는 『한비자』 여러 곳에서 언급되고 있다. 이들 모두를 소개할 필요는 없겠으나, 한 가지 짚고 넘어갈 사항이 있다. 즉 한비에게 있어서 형벌이란 폭력 진압의 수단적 측면이 강하지만, 상은 인자한 은혜를 베푸는 점이 아니라는 점이다. 유가에서는 상을 성왕이 베푸는 어질고 의로운 것으로 선전하지만, 한비에게 있어서 상은 권력자, 즉 패왕의 공로를 위해서 존재하는 수단에 불과하다. 한비는 다음과 같이 주장한다.

위엄을 갖춘 세勢와 (정당한) 상벌을 갖춘 법이 없이는 요-순과 같은 성인도 나라를 다스릴 수 없다. … 그러므로 공로가 없는 자는 기대할 것이 없고, 죄가 있는 자는 불행함이 마땅하다. 견고한 마차와 힘센 말[馬]에 의지해야 가히 험한 곳을 지나쳐 갈 수 있고, 배의 편안함과 노[檝]가 마련된 연후에야 물이 험난한 강하를 헤쳐갈 수 있다. 법술의 이치를 조정하고, 엄한 벌을 집행하고 죄인을 죽인 연후에 가히 패왕의 공로를 이루었다고 할 수 있다 『한비자집해』 권4, 간겁시신姦劫弑臣.

앞에서 필자는 상앙(공손앙)의 말을 인용하여, "법령이란 백성의 명령이요, 다스림의 근본이니, 이로써 백성을 갖추는[備] 것이다"『상군서추지』 권5, 정분定分라고 하였다. 법이란 반드시 사람 잡는 도구만은 아니다. 법은 일종의 교훈으로서 백성을 교화하는 기능이 있다. 만일 한비에게 이와 같은 사상이 없었더라면, 그는 한갓 표독한 이론가에 불과하고, 역사상 위대한 사상가의 한 사람으로 기억될 필요가 없을지 모른다.

한비에 의하면 법이란 거대한 권위를 지니며, 이는 사회 안전을 보장하는 장치 가운데 하나이다. 그는 현명한 인간을 숭상하기보다는 법을 숭상해야 하며, 사학私學을 금지하고, 법으로써 기준을 삼고, 교훈을 삼아야 한다고 주장한다. 이를 한자술어로 표현하면 '이법위교以法爲敎'가 된다. 그는 인간의 지혜가 아니고, 법에 의지해야 한다고 주장한다.

이른바 지혜로운 사람이란 미묘한 말을 하는 자이다. 미묘한 말은 지혜가 있는 사람이라도 이해하기 어렵다. 이제 인민을 위하여 법을 세운다면, 지혜가 있는 사람도 알기 어렵거늘 보통 사람은 잘 알아들을 수 없다. … 그러므로 심오한 언론은 인민이 힘써 요구할 것이 아니다. … 밝은 군주는 법을 균일하게[一] 적용하며, 지혜를 구하지 않는다『한비자집해』 권19, 오두五蠹.

이상 논술에서 한비가 사용하고 있는 '지智'라는 글자는 『도덕경』에서 말하고 있는 '지'의 의미와 유사하다고 본다. 아무튼 한비는 법이야말로 객관표준이고, 개인의 지혜란 표준이 될 수 없다고 믿는다. 그는 지혜를 불신할 뿐 아니라, 현명한 인간 및 인간에 대한 믿음[忠信]도 불신한다.

군주는 신하 중에 현명한 자가 있더라도 법을 어기어 임의로 행사하게 해서는 안 된다. 재주 있는 자가 있더라도 공로를 뛰어넘어 벼슬자리를 주어서는 안 된다. 충신한 자가 있더라도 법을 피하여 제재를 받게 해서는 안 된다. 이것이야말로 법을 밝히는 길이다『한비자집해』 권5, 남면南面.

이와 같은 주장의 이면에는 인간의 지혜, 현명함, 재주 혹은 믿음이란 편차가 있기 마련이며, 잘못하면 그 지혜(현명함,

재주 등)에 가리는 수가 있기 때문이다. 그러므로 한비에게는 오로지 법이야말로 편견 없는 기준이고 또한 교훈이다.

일반적으로 지혜, 현명함 혹은 재주 혹은 충신의 개념은 유가에서 권장되는 바이고, 인간 생활에 있어서 가치를 갖는다. 그러나 그것들에 대한 판단이 주관적이라는 약점을 면하지 못한다. 한비는 유가의 견해와는 다른 의견을 가지고 있다. 그와 같은 예 가운데 매우 특징적인 경우를 들어본다. 『논어』에 다음과 같은 구절이 있다.

섭공이 공자에게 말하였다. "우리 고장에 정직한 사람이 있습니다. 그 아비가 양을 훔치자, 아들이 그 사실을 고발하였습니다." 공자는 말하였다. "우리 고장의 정직한 사람은 이와는 다릅니다. 아비는 자식을 위하여 숨겨주고, 아들은 아비를 위하여 숨겨주니, 정직함[直]이 그 가운데 있습니다"『논어』 자로편.

이상과 비슷한 내용을 언급한 글이 『한비자』에 등장한다.[53]

초나라에 정직한 사람(혹은 직궁이라는 사람)이 있었다. 그 아

비가 양을 훔치자, 그를 관리에게 고발하였다. 그러자 영윤슈
尹이 "그를 죽여라!(殺之)"라고 말하였다. 이는 군주에게는 정
직하지만 그 아비를 해쳤기 때문에 도리어 죄를 물은 것이다.
이를 놓고 볼 때, 대저 군주에게 정직하게 대하는 신하는 반
대로 아비를 해치는 아들이 된다『한비자집해』권19, 오두.

이상의 글에서 논의의 대상이 되는 구절은 "영윤이 말하
였다. 그를 죽여라!"라는 글귀이다. 이 경우 대명사 '之'자는
과연 누구를 가리키는가? 아버지인가 혹은 아들인가? 버튼
왓슨은 '아들'이라고 번역하였고, 『여씨춘추呂氏春秋』권11 당
무當務편에서 같은 내용을 소개한 J. 노블락Knoblock 그리고 제
프리 리갈Jeffrey Riegal은 '아버지'라고 번역하였다.

이 글의 번역에는 일종의 세계관의 차이가 존재한다. 유
가의 세계관에 의하면, 죽일 놈은 아들이다. 왜냐하면 법 규
범보다 더욱 중요한 사실은 인륜이며, 인륜을 어긴 아들놈
을 죽여야 하는 것이다. 그러나 법가의 세계관에 의하면, 죽
일 놈은 아버지이다. 왜냐하면 법 규범은 법 규범이고 만인
에게 적용되는 원칙이며, 객관 표준이기 때문이며, 이것이

개인의 자의적 판단 때문에 흔들려서는 안 되기 때문이다.

이상의 내용에서 한비의 판단이 어느 것인가 하는 점을 선택하는 일은 어렵지 않다. 한비는 유가의 덕치는 자의적 판단이 개재되기 때문에 표준이 될 수 없으며, 이는 공법 질서를 어지럽히는 것으로 보고 있다. 우리는 여기에서 매우 난해한 문제를 만난다. 아들이 아버지를 고발하는 일이 과연 가능하고 권장되는 일인가? 결론적으로 말하자면, 이 문제는 문화 풍토의 성격에 속한다. 법이란 결국 문화 현상의 소산물이며, 문화의 문제를 풀기 전에는 갈등이 상존할 수밖에 없는 구조를 가지고 있다.

2. 세론勢論
― 용은 구름을 타고, 뱀은 안개 속에 노닌다

'세勢'와 '술術' 그리고 '법'은 한비 법가철학의 세 바퀴이다. 이들은 앞에서 살펴본 바와 같이 신도, 신불해 그리고 상앙(공손앙)의 사상을 대변한다. 여기서 말하는 '세'는 정치적인 세력 혹은 일종 지배적 힘을 지닌 권위의 뜻이 있다.[54] 앞에서 언급하였지만, 『한비자』에 다음과 같은 구절이 보인다.

> 신자愼子가 말하였다. 날아다니는 용은 구름을 타고, 뛰는 뱀은 안개 속에서 노닌다. 구름이 걷히고 안개가 개면, 용과 뱀은 지렁이나 개미 같은 존재가 되는데, 이는 그들이 타고 있었던 것을 잃었기 때문이다. 현명한 사람이면서 못난 사람에게 굽히는 것은 권세가 가볍고 지위가 낮기 때문이요, 못났으면서도 현명한 사람을 굴복시킬 수 있는 것은 권세가 무겁고 지위가 높기 때문이다. 성인인 요 임금이 보통 사람이었다면, 세 사람도 다스릴 수 없었을 것이며, 폭군인 걸은 천자가 되었기 때문에 천하를 어지럽힐 수 있었다. 나는 이로써 권세와 지위는 의지할 만한 것이지만, 현명하고 슬기로운 것은 부러워할 만한 것이 못 된다는 점을 알았다『한비자집해』 권17, 난세難勢/『신자愼子』 위덕威德.

여기서 "용은 구름을 타고, 뛰는 뱀은 안개 속에서 노닌다"라는 구절은 군주의 세력을 적절하게 표현한 말이다. 권력자가 '세'를 지니면, 그 권력은 용이 구름을 타듯이, 뱀이 안개 속에 노닐듯이 행사된다. 그러나 권력이 '세'를 잃으면 구름이 걷히고 안개가 개듯이, 용과 뱀은 지렁이나 개미 같은 존재가 된다. 그러나 한비는 신도의 '세'에 관한 이론을 무비판적으로 수용하지는 않는다. 신도의 견해는 한비에 의해서 비판적으로 수용되고 있다.

신도의 견해에 대하여 반박하여 응대한다. 구름을 타고 날아다니는 용과 안개 속에서 노니는 뱀에 대하여, 나는 용과 뱀이 구름과 안개의 세력에 의탁하지 않은 것은 아니라고 생각한다. 그러나 이와 같다면, 재능을 포기하고 권세에 의지하는 것만이 다스림에 족하다는 말인가? 나는 그렇게 볼 수 없다. 구름과 안개의 세력에 노니는 용과 뱀은 능히 그 만한 재주 [材美]가 있기 때문이다. 이제 구름이 성하여도 지렁이는 타지 못하고, 안개가 짙어도 개미는 놀지 못한다. … 천자의 세력으로 구름과 안개에 의지하고도 천하의 큰 혼란을 면하지 못한 것은 걸桀- 주紂의 재주가 박薄하였기 때문이다. … 대저 세[勢]란 능히 방편으로 정치를 하는 것이요, 능히 난세에도 이로움을 가져오는 것이다. … 권세란 호랑이와 이리[狼]의 마음을 기르는 것이요, 폭란의 일을 일으키는 것이니, 이는 세상의 근심거리이다. … 그러므로 "권세에 의지하여 천하를 잘 다스리면 난리가 있을 수 없고, 권세에 의지하여 천하를 어지럽히면 치세는 불가능하다"라는 말이 있다. 이는 자연의 추세요, 사람이 억지로 내세우는 것이 아니다『한비자집해』 권17, 난세難勢.

한비의 '세' 개념은 인민의 관점이 아니고, 군주 혹은 국가의 관점에서 정립된 개념이다. 그것은 폭압적인 세력을 강조한 것은 아니지만, 군주에게 지배 권력의 정당성을 부여하는 점에서 권력의 물리적 동원을 뒷받침하는 개념이다. 한비는 이렇게 말한다.

천하를 다스림에는 반드시 인정에 의한다. 인정에는 좋아함과 싫어함이 있는 까닭에 상벌을 활용할 수 있다. 군주가 상벌을 쓰면 금지된 것은 금지시킬 수 있고, 해야 할 일은 이를 시행시킬 수 있으니, 다스림의 도가 갖추어진다. 군주는 권력[柄]을 쥐고, 세력에 의지함으로써 명령이 행하여지고, 금지된 내용이 그친다. 권력이란 죽이고 살리는 수단이요, 세력이란 인민을 제압하는 밑천[資]이다. … 그러므로 명철한 군주는 법도를 하늘같이 행사하며, 사람을 귀신처럼 부린다. 하늘같은 즉 비난할 수 없고, 귀신 같은 즉 곤경에 빠지지 않는다. '세'가 행하여지고 교령敎令은 준엄해져, 사람들이 마음에 거슬릴지라도 감히 거역하지 못한다. … 그런 연후에 법을 일사불란하게 적용할 수 있다『한비자집해』 권18, 팔경八經.

이와 같이 '세'란 백성을 지배하는 자본(밑천)이다. 이 경우 지배란 (유가가 말하는) 도덕과 직접적인 관계를 갖지 않으며, 그것은 인민의 동의를 구하지 않는 물리적 힘을 바탕으로 한 일방적 제압이다. 군주는 지배적 힘, 즉 세력을 지녀야 한다.[55] 한비는 군주가 능히 통치할 수 있는 까닭은 세력의 확보에 있으며, 현명함 등은 중요한 것이 아니라고 믿고 있다.

걸桀이 천자가 되고 능히 천하를 제압하는 것은 그가 현명해서가 아니고, 세력이 있기 때문이다. 요 임금이 (만일) 필부라면, 세 집안도 바로 잡지 못할 것이니, 이는 그가 불초해서가 아니라 지위가 낮기 때문이다. 천균千鈞의 무게라도 선박을 만나면 (물에) 뜨고, 하찮은 짐수레도 선박을 만나지 못하면 가라앉는다. 이는 천균이 가볍고 짐수레가 무거워서가 아니라, 세력이 있느냐 없느냐에 관한 문제이기 때문이다『한비자 집해』권8. 공명功名.

법을 껴안고 세력에 의지하면 다스려지고, 법을 배반하고 세력을 잃으면 어지러워진다『한비자집해』권17. 난세難勢.

이와 같이 '세'를 얻느냐 혹은 얻지 못하느냐 하는 문제는 군주의 통치와 나라의 다스려짐 혹은 어지러움의 절대적인 전제조건이 된다. 그러므로 항상 세력에 처하는 일이 중요하다.

이제 대신이 위세를 갖고, 좌우의 신하가 세력을 마음대로 하면, 이는 군주가 권력을 잃었다는 것이다. 군주가 세력을 잃고 나라를 다스리는 일은 1,000명에 한 사람도 없다. 호랑이와 표범이 능히 많은 동물을 제압하는 까닭은 발톱과 이빨 때문이니, 만일 호랑이와 표범이 발톱과 이빨을 잃으면, 이는 사람이 능히 잡을 수 있다. 세력의 무거움은 군주의 발톱과 이빨이다. 군주가 그 발톱과 이빨을 잃으면 호랑이와 표범이 그것을 잃는 것과 같다『한비자집해』 권20, 인주人主.

이 구절과 아주 비슷한 내용에 다음과 같은 글이 있다.

대저 호랑이가 능히 개를 제압하는 것은 발톱과 이빨 때문이다. 만일 발톱과 이빨을 제거한다면, 호랑이는 반대로 개에게 복종당할 수 있다. 군주는 형벌[刑]로써 신하를 제압한다. 이제 군주의 형벌권을 신하가 사용한다면, 이는 반대로 군주가 신하가 되는 꼴이다『한비자집해』 권2, 이병二柄.

한편 권세의 중요함은 물과 물고기의 관계로 비유되기도 한다. 한비는 노자의 이야기를 인용하면서 다음과 같이 말한다.

세력의 무게[勢重]는 근주의 연못이며, 신하는 그 세력의 물고기이다. 물고기는 물을 떠나면 다시 살아갈 수 없고, 군주는 신하에게 있어서 세력의 무게를 잃으면 다시 회복할 수 없다. 옛적 사람들이 정언正言을 말하기 어려워, 물고기에 비유하였

다. 상벌이란 이기利器이다. 군주는 상벌로써 신하를 제압하
며, 신하는 이를 얻음으로써 군주를 끌어안는다. 그러므로 군
주가 먼저 상을 선보이면, 신하는 덕이 있는 것처럼 기만한
다. 군주가 벌을 내세우면, 위엄이 있는 것처럼 기만한다. 그
러므로 말하길, "나라의 이기는 사람들에게 내보이는 것이 아
니다"라고 하였다『한비자집해』 권10, 내저설하內儲說下.⁵⁶

이상의 내용은 『도덕경』 제36장의 "물고기는 연못을 벗어
날 수 없다魚不可脫於淵. 나라의 이기利器는 사람들에게 내보이
는 것이 아니다"라는 글의 풀이이다. 중요한 사실은 군주가
일단 세력을 잃으면, 연못에서 벗어난 물고기처럼 회복할 수
없는 경지에 빠진다는 사실이다. 그러므로 군주는 상벌을 적
절하게 활용하여, 세력을 유지해야 한다. 대체로 신하는 상
이 있을 때는 덕이 있는 것처럼 행동하고, 벌이 있을 때는 위
엄이 있는 것처럼 행동한다. 따라서 군주는 자신의 이로운
무기를 내보이지 말고, 통치의 수단으로 활용해야 한다.

한비의 '세'의 이론 구성은 권력이 집단에 소속되는 것을
바라지 않고, 군주 1인에게 집중하는 것을 이상으로 삼고 있

다. 그러므로 그의 정치사상은 군주제 및 중앙집권 사상을 뒷받침한다. 오늘의 시대사조라고 볼 수 있는 민권 혹은 민주주의 등의 가치는 그에게 적용할 수 없다. 한비에게는 인민의 이익이 중요한 것이 아니고, 군주의 이익이 중요하였기 때문이다. 그는 다음과 같이 말한다.

그대들은 왜 이러한 도리를 알지 못하는가? 저들 백성을 (내가) 나를 위해 부릴 수 있는 것은 내가 그들을 사랑해서 부리는 것이 아니고, 내가 그들을 부릴 수 있는 세력이 있기 때문이다. 만일 내가 나의 세력을 포기하고 인민과 함께 수습한다면, 그것은 내가 그들을 사랑해서가 아니고, 그들이 나에게 부림을 당하는 것을 원하지 않기 때문일 것이다. 이른바 백성을 다스린다는 것은 백성을 자애롭게 대하는 길을 모두 끊는 것이다『한비자집해』 권14, 외저설우하外儲說右下.

이상과 같은 표현에서 우리는 한비의 각박한 심리구조를 엿볼 수 있다. 이는 아마도 그의 시대가 극렬한 경쟁과 어려운 환경 때문에 생겨난 현상일 가능성이 크다. 그는 유가의 도덕정치, 정명正名의 이상 등을 내세울 수 없는 시대적 한계에서 살았다. 그렇지만 각박한 심리는 법가의 약점으로 작용하였고, 궁극적으로 백성의 마음을 얻는 데는 실패하였다. 이는 한비 개인의 문제가 아니고, 하나의 사조로서 법가의 철학이 지니는 한계라고 진단한다.

3. 술론術論
— 군주는 마음을 열지 않고 은밀하게 신하를 통제한다

법가에서 말하는 '술術'[57]이란 무엇을 말하는가? 일반적으로 이 용어는 법치 및 세치勢治와 함께 군주의 통치술을 구성한다. 그러면서 동시에 법 및 '세'와는 다른 범주에 속한다고 볼 수 있다. 『주역』 계사전에 다음과 같은 구절이 있다.

군주가 주밀周密하지 못하면 신하를 잃으며, 신하가 주밀하지 못하면 몸을 잃으며, 기밀한 일이 주밀하지 못하면 이루어지지 못한다. 이 때문에 군자는 삼가고 주밀해서 나가지 않는다
『주역』 계사전上.

136

　이상의 글에서 군주가 주밀하다는 의미는 '술術'의 문제와
관련이 있다. 한비는 다음과 같이 말하고 있다.

'술'이란 (군주의) 가슴속에 감추어두고 있다가, 여러 종류 일
의 사정에 맞추어 암암리에 여러 신하들을 제어하는 것이다.
그러므로 법은 드러나야 하고, '술'은 드러내 보여서는 안 된
다『한비자집해』권16, 난삼難三.

신불해는 '술'을 말하였고, 공손앙(상앙)은 '법'을 집행하였다.
'술術'이란 책임에 따라서 벼슬을 내리고, 명분을 좇아서 실질
을 추구하고循名而責實, 살생의 권세를 쥐고서, 여러 신하들의
능력을 시험하는 것이다. 이것은 군주가 쥐고 있는 것이다.
'법'이란 관청에 걸려 있는 나라의 명령이며, 인민의 마음에
있는 형벌이다. 법을 삼가는 자에게는 상을 주고, 간사한 자
에게는 벌을 가한다. 이 점은 신하들이 배워야 한다. 군주에
게 '술'이 없으면, 위에서 가리어지고, 신하가 법이 없으면 아
래에서 어지러워진다. 이는 한 가지라도 없으면 불가하니, 대
개 제왕의 도구이다『한비자집해』권17, 정법定法.

이와 같이 '술'은 군주의 마음속에만 있고 공개되어서는 안 되며, 이는 제왕만이 가지는 도구(즉 통치술)이다. 물론 한비의 기본 노선은 상앙의 '법'을 충실히 따른 것으로 보이지만, 여기에 '술'을 채택함으로써 법가의 필요충분조건을 갖추었다고 말할 수 있다.

한비는 또한 군주와 신하는 서로 가는 길이 다르며, 기본적으로 갈등 관계에 있음을 중시한다. 그는 다음과 같이 말한다.

도는 만물에 따라 다르다. 덕은 음양에 따라 다르다. 저울은 가볍고 무거움에 따라 다르다. 먹줄은 굽이에 따라 다르다. 화和는 건조함과 습함에 따라 다르다. 군주는 여러 신하와 다르다. 무릇 이 여섯 가지는 도가 나오는 것이다. 도는 짝이 없고 유일[一]하다. 그러므로 밝은 군주는 홀로 가는 길을 귀하게 여기니, 군주와 신하는 그 가는 길이 다르다『한비자집해』 권2, 양권揚權.

이처럼 군주는 길이 다르다. 군주는 무위無爲의 길을 가며,

신하는 유위有爲의 길을 간다. 군주가 무위의 길을 갈 때 필
요한 도구가 곧 '술'이다. 한비가 인용한 황제黃帝의 말에 의
하면, 군주와 신하는 하루에도 100번을 싸운다黃帝有言曰. 上下
一日百戰.『한비자집해』권2. 양권.

군주와 신하가 서로 싸운다는 말은 군주의 이익과 신하의
이익이 서로 다르다는 사실을 말한다. 앞에서 살펴본 것처
럼 군주는 벼슬을 팔고, 신하는 그 지혜(지식)를 판다. 이와
같은 속성 때문에 군신간의 이해 충돌은 불가피하다. 한비
는 다음과 같이 지적한다.

군주의 이익은 유능함에 따라 관리를 임명하는 데 있고, 신하
의 이익은 무능하더라도 일을 얻어내는 데 있다. 군주의 이
익은 노동을 통하여 벼슬자리를 주는 데 있고, 신하의 이익은
공로가 없더라도 부귀를 얻는 데 있다. 군주의 이익은 호걸을
얻어 재주 있는 자를 부리는 데 있고, 신하의 이익은 붕당朋黨
을 통하여 사사로움을 얻는 데 있다. 이 때문에 나라가 쇠퇴
해도 개인의 집안은 부유할 수 있으니, 군주가 위에서 비루해
지면, 신하는 아래서 무게를 잡는다. 그러므로 군주가 세력을

잃으면, 신하가 나라를 얻으니, 이는 주객의 위치가 바뀜을 말한다『한비자집해』 권4, 고분孤憤.

이와 같은 현상이 발생하는 까닭은 결국 군주가 '술'에 의하여 권력을 장악하지 못하고, 신하를 믿고 방심하는 데 있다. 그 결과 권력이 누수되고 나중에는 실세失勢에 이르게 되는 것이다. 그러므로 군주는 "술책에 의지하고 (신하에 대한) 믿음에 의존해서는 안 된다恃術而不恃信"『한비자집해』 권12, 외저설좌하. 군주가 신하를 등용함에도 물론 '술'이 필요하다. 한 번 임용된 신하에 대하여 '술'을 쓰지 않고 방심하면, 신하의 사특한 지혜에 속아 넘어가서 일을 망치기 쉽다. 한비는 다음과 같이 말한다.

인재를 등용하여 일을 맡기는 것은 존속하고 망하고 다스려지고 어지러워짐의 기틀이다. (군주의) '술'이 없이 일을 맡기면 (신하의) 맡은 바에 실패가 없을 수 없다. ⋯ (신하의) 지혜를 믿고 맡기면 군주를 기만하게 되고, (신하의) 품성을 믿고 맡기면 군주의 일은 어지러워진다. 이를 가리켜 '술책이 없는 환난無術之患'이라고 한다『한비자집해』 권 18, 팔설八說.

　　요컨대 군주는 신하의 재주 혹은 인격을 믿지 말고, '술' 혹은 술책을 써서 신하의 간악함을 밝게 살펴야, 권력을 굳게 지킬 수 있다. 단일 그렇지 못하면 간신들이 설쳐댈 수 있다. 한비는 이에 대하여 다음과 같이 말한다.

　　대저 간신이란 군주의 뜻에 순종함으로써 (군주의) 믿음을 취하는 자이다. 인간은 추향을 같이하는 자는 서로 좋아하고, 취향을 달리하는 자는 서로 비난한다. 이제 신하로써 기리는 (즉 아부하는) 바는 군주의 좋아하는 바이니, 이를 일러 함께 취한다同取라고 한다. 신하로서 헐어 뜯는 바는 군주의 싫어하는 바이니, 이를 일러 함께 버린다同舍라고 한다. 대저 취하고 버림에 있어서 견해가 일치하면서 서로 거슬리는 자를 아직 듣지 못하였다. 이것이 신하가 (군주의) 믿음을 바라는 도이다. 대저 간신이 (군주가 좋아하는) 믿음에 얹혀 타서 많은 신하들을 배척하고 칭찬하고 나아가고 물러나는 바 있으니, 이는 군주가 술수로써 이를 제어하지 못하는 까닭이다『한비자집해』 권4, 간겁시신姦劫弑臣.

만일 군주가 '술'(혹은 술수)로써 신하를 제어하지 못하면, 군주는 위에서 고립되고 신하는 아래서 붕당을 만들어 자신의 이익을 취한다. 심한 경우에는 전성田成이 간공簡公을 시해하는 일까지 발생한다. 그렇다면 군주는 어떻게 신하들을 다스려야 하는가? 한비가 제시하는 술책에는 일곱 가지가 있다. 일곱 가지 술책이란 무엇인가?

군주에게 소용되는 일곱 가지 술책七術이 있다. 첫째, 여러 사람의 의견을 참관하는 것. 둘째, 반드시 벌하여 위엄을 밝힐 것. 셋째, 상을 틀림없이 주어서 능력을 다하게 함. 넷째, 신하의 말을 듣고 책임을 추구하는 것. 다섯째, 그럴듯한 명령과 속임수를 써서 그 실력을 측량할 것. 여섯째, 아는 것을 감추고 모르는 척하며 질문하는 일. 일곱째, 일부러 말을 거꾸로 하여 상반되는 일의 실정을 알아내는 일. 이와 같은 일곱 가지는 군주의 소용되는 일이다『한비자집해』 권9, 내저설상內儲說上.

여기에서 중요한 '술'의 방법은 첫째, 다섯째, 여섯째 그리고 일곱째일 것이다. 거짓말을 감수하고, 신하의 마음을 잘

살피는 일은 군주의 권력 유지에 중요한 사항이다. 『도덕경』은 군주의 '술'에 대하여 암시하는 바 있다.

장차 축소시키려 하면 반드시 먼저 펴주어야 하고, 약하게 하고자 하면 먼저 강하게 해주어야 하고, 쓰러뜨리려고 하면 먼저 일으켜 주어야 하며, 빼앗으려 하면 먼저 주어야 하니, 이것을 일러 '은미한 밝음[微明]'이라고 한다. 부드럽고 약한 것이 강한 것을 이기나니, 물고기는 연못을 벗어나서는 안 되며, 나라의 이기利器는 사람들에게 보여서는 안 된다『도덕경』제36장.

이 장 가운데 '은미한 밝음', 즉 미명微明이 술책으로 해석된다. 또한 "나라의 이로운 기구나 재료를 사람들에게 보여서는 안 된다國之利器, 不可以示人"라는 말은 군주가 '술'을 품고 밖으로 보여서는 안 됨을 말하기도 한다.

이상에서 보는 바와 같이 한비의 법가철학은 철저하게 인간에 대한 불신으로 바탕을 이루고 있다. 그 까닭은 인간이 근본적으로 이익[利]을 선호하고 손해[害]를 싫어하는 존재이기 때문이다.

앞에서 살펴본 바와 같이 군주는 '세勢'에 의지하고, '술術'을 자신의 가슴 속에만 묻어둔 채, '법'을 집행해야 한다. 군주가 '술'이 없으면 신하로부터 멸시당하고, 법이 없으면 세상은 어지러워진다. 그러므로 법을 껴안고 '세'에 의지하면 다스려지고, 법을 배반하고 '세'를 제거하면 세상은 난세가 된다. 또한 '세'란 군주의 말[馬]과 같은 존재인데, '술'이 없으면 말을 제어할 수 없으니 몸만 수고롭고 결국에는 난세를 면하지 못한다『한비자집해』권14, 외저설우하外儲說右下.

그런데 그것이 '법'이든, '세'든 혹은 '술'이든 간에, 이 3자의 존재 목적은 근본적으로 군주의 통치술에 있다. 말하자면 한비의 법가철학은 궁극적으로 군주의 통치에 봉사하는 이론이다. 다시 강조하거니와 군주는 두 개의 자루[이병二柄]를 가지고 통치한다. 한 자루는 형벌이고, 한 자루는 덕이다. 현대 정치학의 술어로 전자는 채찍에 해당하고, 후자는 사탕과자에 해당한다. 이 두 가지 수단은 동서고금을 막론하고 통치에 있어서 등장하는 수단이다. 한비의 말을 들어보자.

밝은 군주가 그 신하들을 제압하는 것으로는 두 가지 자루가 있을 뿐이다. 두 가지 자루는 '형刑'과 '덕德'이다. 무엇을 '형'과 '덕'이라고 하는가? 죽이는 것을 '형'이라 하고, 상을 주는 것을 '덕'이라고 한다『한비자집해』 권2, 이병二柄.

한비에 의하면 통치의 수단은 명확하다. 죄를 지은 자, 즉 법을 어긴 자는 죽이는 것이고, 반대로 법을 지키는 자는 상을 주는 방법이다. 전자는 채찍이요, 후자는 설탕(당근)이다. 채찍과 설탕의 정치적 효과는 매우 뛰어나다. 여기에서 한비자가 말한 '덕'은 유가에서 말하는 모럴이 아니다. 이때의 덕은 하나의 기능을 가리킬 뿐이다. 그는 철저히 노자(황로학)의 사상에 의지하고 있는바, 군주에게는 '무위無爲'의 덕이 요구되고 있는 것이다.

만일 오늘날 한비가 살아 있다면 정치가, 군대의 장교, 기업의 최고경영자(CEO)의 경영 일선에서 상당한 조언이 가능할 것으로 생각한다. 이들 고위층과 CEO는 물론 합법적인 법의 테두리 안에서 경영에 종사해야 한다. 그러나 한비가 말한 '세勢'와 '술術'의 일정 부분은 정치 혹은 경영에 적용할 수 있다고 보인다. 그중에서도 특히 '술'은 군사 작전과, CEO에게 필요하다. 군대는 기밀을 유지함으로써 승리를 얻는 집단이고, 기업의 세계에는 '산업스파이'라는 말이 존재하듯이, 새로운 사업을 구상하고 이를 실천에 옮기려는 경영자는 상당 기간 자신의 계획을 숨긴 채 일을 진행할 필요가 있다. 만일 CEO가 쉽게 자신의 구상(즉 뱃속)을 드러내면, 기밀이 경쟁업체에 누설될 수 있으니, 자칫하다간 사업의 실패로 연결될 수 있다. 물론 이 경우 음흉한 술책을 부리거나 혹은 권모술수를 쓰는 것은 멀리 보아서 바람직한 경우는 아니라고 판단한다.

제 9 장

한비의 노자『도덕경』이해
―『한비자』해로^{解老}편, 유로^{喩老}편

앞에서 보았듯이 한비 시대의 관심은 황로학에 있었다. 황로학은 근본적으로 노자학老子學이다. 황제黃帝는 권위를 빌리는 형식으로 대개 의탁하여 존재하였다. 현존하는『한비자』에는『도덕경』에 대한 주석이 2편 존재한다. 해로解老편과 유로喩老편이 그것이다.

해로편은 문자 그대로 '노자를 해석한다'라는 의미를 담고 있다. 해로편에서 한비는『도덕경』전문을 해석하지는 않았다. 제38장, 제58장, 제59장, 제60장, 제46장, 제14장, 제1장(부분), 제50장, 제67장, 제53장, 제54장의 해석이 다루어지고 있다.

유로편은 문자 그대로 '노자를 깨우친다'라는 의미를 담고 있다. 유로편도 해로편처럼 『도덕경』 전문을 다룬 것은 아니다. 유로편은 주로 역사적 사례를 들어가면서 교훈을 찾아 깨우치는 (혹은 비유하는) 입장을 취한다. 제46장, 제54장, 제26장, 제36장, 제63장, 제64장, 제52장, 제71장, 제47장, 제41장, 제33장 그리고 제27장의 내용이 다루어지고 있다.

해로편의 서두는 다음과 같이 시작한다.

덕이란 안이며, 득得은 밖이다. '상덕부덕上德不德'이란 정신[神]이 밖으로 간사하게 되지 않음을 말한다. 정신이 밖으로 간사하게 되지 않음으로 몸이 온전하게 되고, 몸이 온전하게 됨을 가리켜 득이라고 말한다. 득이란 곧 몸을 얻는 일이다. 무릇 덕이란 무위로써 모으는 것이요, 무욕으로써 이룸이요, 생각하지 않음을 편안하게 여기고, 쓰지 않음을 굳세다고 여기는 것이다. 억지로 하고, 억지로 욕망하면 덕은 머무르는 바에 편안하지 않다. 덕이 머무는 데 편안하지 않으면, 온전하지 못한 것이다. … 그러므로 높은 덕은 덕이 아니고, 이 때문에 덕이 있다『한비자』 권6, 해르解老.

이상의 이야기는『도덕경』제38장 덕에 대한 한비의 해석이다. 그런데 "身全之謂得. 得者得身也"라는 원문의 글자를 놓고, 학자들은 앞의 두 글자 '得'자는 '德'자의 명백한 오류라고 단정하고 있다. 즉 "身全之謂德. 德者得身也"이라는 주장이다. 그러나 기실 '德 [de]'과 '得 [de]'은 발음도 동일할 뿐 아니라, 고전에서 통용되는 경우가 많다.

일반적으로 덕은 형이상학적인 의미, 즉 모럴을 내포한 어떤 덕성 혹은 품위 혹은 배품을 말하는 것으로 인식되고 있다. 그런데 한비는 이와 같은 모럴의 의미로 덕을 받아들이지 않는다. 그는 덕이란 힘의 실질적 획득으로 보고 있다. 그는 다음과 같이 말한다.

인仁이란 마음에서 기쁘게 사람을 사랑하는 일이다. … 그러므로 높은 인을 실천하는 일은 무위無爲로써이다. 의義는 군신 상하의 일이요, 어버이와 자식 간의 귀하고 천함의 차이이다. … 그러므로 높은 의를 실천하는 일은 유위有爲로써

이다. … 예禮란 인류 정감의 표상이다. 이는 의로운 행동의 장식이며, 군주와 신하, 아버지와 아들의 관계를 세우는 것이다『한비자』권6, 해로.

이상은『도덕경』제38장 인·의·예에 대한 한비의 해석이다. 해로편은 서두에서 덕德의 문제를 먼저 다루고, 나중에『도덕경』제14장에서 도道에 관하여 언급하고 있다.

'도'란 만물 생성의 원리이며, 만리萬理가 의지하는 바이다. (이때의) '리理'는 사물을 이루게 하는 문채文彩이며, 도는 만물을 이루게 하는 근거이다. 그러므로 "도는 리이다"라고 말한다『한비자』권6, 해로.

윗글의 "道, 理之者也"는 "도는 리가 하는 것이다"라고 새길 수도 있는데,『한비자』에서 중국철학의 중요한 카테고리의 하나인 '리理' 개념이 등장하고 있음에 주의를 요한다. 그는 비록 부분적이지만,『도덕경』제1장의 설명에서 '리' 개

> 무릇 '리理'란 모남과 원, 길고 짧음, 거칢[麤]과 미세함, 견고함과 위약함을 분별하는 것이다. 그러므로 '리'가 정해진 후에 사물이 비로소 도를 얻는다. 그러므로 리가 정해진 연후에 존재와 소멸, 생존과 죽음, 흥성과 쇠망이 있다. 대저 사물의 일시적 존재 혹은 일시적 소멸, 갑자기 죽거나 태어남, 먼저 흥성하고 나중에 쇠망하는 따위는 '상常'이라고 말할 수 없다. 오로지 천지 창조 이후에 함께 태어나는 것, 천지의 흩어짐에 이르러도 죽지 않고, 쇠망하지 않을 것을 가리켜 '상'이라고 말한다. 그러므로 '상'이란 변화하지 않는 것이고, 정해진 '리'도 없다. 정해진 '리'가 없는 것이니, '상'의 상태가 아니므로 이 때문에 말로써 표현할 수 없다. 성인이 그 오묘하고 텅 비어 있음[玄虛]과 주행함을 보고, 억지로 이름붙여 '도'라그 하였다『한비자』 권6, 해로.

이상은 『도덕경』 제1장 "道之可道, 非常道也"의 내용에 관한 한비의 주석이다. 이는 노자의 '도'의 개념에 관한 매우

탁월한 설명 가운데 하나이다. 우리는 여기에서 '도'의 개념
이 '리理'와 '상常'의 개념을 빌려서 설명되고 있음을 본다.[58]

　『한비자』 권6의 해로편이 『도덕경』 일부에 대한 주석이
라면, 권7의 유로편은 일종 교훈적인 내용을 담고 있다. 한
비는 유로편에서 역사적 사례를 들어가며, 사람을 깨우치는
일을 하고 있다. 가령 『도덕경』 제52장에 "작은 것을 보는
것을 밝다고 한다見小曰明"라는 구절이 있다. 한비는 이 구절
의 역사적 사례를 다음과 같이 들고 있다.

옛적에 주紂 임금이 상아로 만든 젓가락을 사용하자, 기자箕子
가 이에 대하여 두려워하였다. 그는 생각하기를 (일단 상아 젓
가락을 사용하면) 흙으로 빚은 토기를 쓰지 않고, 무소뿔 혹은
옥으로 만든 그릇을 찾을 것이고, 상아 젓가락을 사용하는 이
상, 콩 혹은 콩잎으로 끓인 국을 찾지 않고 사냥에서 포획한
코끼리 혹은 표범 새끼의 태胎로 끓인 국을 찾을 것이고, 코끼
리 혹은 표범을 찾으면 소략한 의복이나 짧은 소매로 만든 옷
을 입고 초가집에서 살지 않고, 반드시 비단옷을 입고 구중의
고대광실을 지을 것이다. 나는 그 끝까지 가는 길을 생각하

니, 그래서 시작을 두려워한다라고 하였다. 이렇게 5년이 지나자, 주紂는 (죄인의 몸으로) 육포를 만들고, (죄인의 몸을 인두로 지지는) 포락炮烙의 형벌을 설치하였다. 술지게미로 산을 만들고, 술을 부어서 연못을 조성하더니, 마침내 멸망하고 말았다. 그러므로 기자가 상아로 만든 젓가락을 보고, 천하의 화가 닥쳐올 것임을 알았다. 이것을 일러 "작은 것을 보는 것을 밝다고 한다見小曰明"라고 하는 것이다『한비자』권7, 유로.

이상의 내용은『도덕경』제52장 원문을 놓고, 주紂 임금이 사용하는 상아 젓가락이 사치에 사치를 더하여 주지육림酒池肉林에 이르고, 마침내 세상이 망하고 말 것이라는 기자의 지혜[明]를 설명하고 있다.

유로편의 예를 한 가지 더 들기로 한다.

월왕越王 구천句踐이 오왕吳王 부차夫差에게 패하여 오나라에 포로가 되었을 때, 제나라를 공격함으로써 오나라가 피폐해지도록 유도하고자 하였다. 오나라의 군대는 제나라를 공격하고, 애릉艾陵의 전투에서 승리하였고, 더 나아가 장강長江 및 제수濟水까지 땅을 늘려나갔다. 아울러 황지黃池에서 진晉나라와 더불어 쟁패를 다투게 되었다. 그리하여 5호五胡, 太湖까지 제패하기에 이르렀다. 그러므로 말하길, "장차 축소시키려 하면 반드시 먼저 펴주어야 하고, 장차 약하게 만들고자 하면 반드시 먼저 강하게 해주어야 한다"라는 것이다『한비자집해』 권7, 유로.

이상의 보기에서 "장차 축소시키려 하면" 이하의 구절은 『도덕경』 36장의 원문 가운데 일부를 말한다. 한비는 사람들의 입에 오르내리는 월왕 구천과 오왕 부차의 처절한 고사를 『도덕경』 구절의 사례로 들고 있다. 이는 역사적인 실제의 경우로서, 포로로 잡혀서 땔나무에 기대어 잠을 자고, 쓸개를 맛보며(와신상담臥薪嘗膽) 복수를 하고자 하였던 월왕 구천이 "장차 축소시키려 하면 반드시 먼저 펴주어야 하고, 장차 약하게 만들고자 하면 반드시 먼저 강하게 해주어야 한다"라는 『도덕경』의 내용을 충실하게 실천하였음을 본보기로 들고 있는 것이다.

『한비자』 권6 해로편이나, 혹은 권7 유로편은 노자『도덕경』의 일부를 해석하고 인용하고 있다. 해로편의 경우 비록 언급한 장章이 많지는 않더라고『도덕경』의 해석에 참고가 되고 있고,[59] 유로편은『도덕경』의 연구에 케이스를 들고 있다는 점에서 역사상 전무후무한 가치가 있다고 보인다. 이는 다시 말하거니와, 한비의 시대적 관심사였던 '황로학'의 연장선에서 이루어진 것으로 본다.

후 론 後論

법가사상의 실천적 국면
— 진시황의 고대 중국 통일

기원전 221년은 고대 중국에 있어서 놀라운 해로 기록되고 있다. 즉 진왕秦王 정政(즉 진시황)에 의해서 중국이 최초로 통일된 것이다.[60] 어떻게 이와 같은 일이 가능하였을까? 무슨 이유로 많은 나라 가운데 하필 진 왕조가 천하를 제패하고 통일을 달성한 것일까? 이와 같은 거대한 사건의 이면에는 여러 가지 주장이 있을 수 있다.

통일과 같은 대업이 순간에 이루어진 일이 아니라는 점은 확실하다. 정치, 경제, 군사 등 여러 가지 측면을 고려할 필요가 있겠지만, 철학사상 방면에만 집중한다.

앞에서 검토한 바와 같이, 상앙의 '변법' 실천이 통일의 기반을 마련하였다는 주장이 가능하다. 한비 또한 몇 차례에 걸쳐서 상앙 변법이 남긴 긍정적 측면에 대하여 언급하고 있다. '변법'이란 현대인의 용어로 개혁이라고 말할 수 있다. 변법은 상앙에 의해서 상당 부분 성공을 거두었는데, 이는 토지 개혁을 통하여 농업 생산량을 증가시키고, 그 결과 인민의 생활이 풍족해졌음을 말한다. 이와 같은 경제적 에너지를 기반으로 삼고, 여기에 강한 군사력을 바탕으로 진秦이 나머지 6국을 멸망시키고 천하의 국가로 등장한 것이다.

우리는 통일의 저변에 법가사상이 기반이 되었음을 인정해야 한다. 그리고 법가의 철학을 완성 단계로 구축한 한비의 공로를 무시할 수 없다. 진시황 자신도 일찍이 『한비자』를 접하고, "아! 나는 이 사람과 만날 수 있고, 함께 시간을 보낼 수 있다면, 죽어도 여한이 없을 것이다"라고 말하였다고 한다. 비록 이사李斯의 질투와 방해로 인하여 한비가 직접 진왕에 의해서 발탁되지는 못하였으나,[61] 그의 사상이 진왕에게 깊은 영향을 주었음을 확실하다.

이와 같이 상앙 및 한비를 바탕으로 한 법가사상의 실천적 성격이 진시황에 의하여 중국 최초의 통일 이데올로기로 작용한 것이다. 물리학의 용어를 빌리면, 진 왕조의 엔트로피entropy가 극도로 감소하였고, 그 결과 통일의 업적을 달성하였다. 진나라는 이법치국以法治國의 정책으로 강력한 정치적 시스템을 구축하였고,⁶² 토지 개혁을 통한 경제적 부富를 확보하였으며, 이로 인한 군사력의 확보를 통하여 물리적 수단에 따른 통일을 성취한 것이다.

그런데 세상 일이 반드시 앞으로 나가는 길만 있는 것이 아니다. 진왕 정政에 의하여 통일을 달성하고, 진정한 의미에 있어서 제국이 탄생하였는데, 시황제가 죽고 2세 황제 호해胡亥와 그의 아들 3세 자영子嬰에 와서 제국은 어처구니없게 무너지고 말았다. 이는 진왕의 통일이 있은 지 불과 13년만의 일이다. 다시 물리학의 용어를 빌린다면, 진秦 제국은 엔트로피가 급격하게 증가하였고, 축적된 에너지가 모두 고갈되고 에너지의 저급화가 초래되었다. 그리하여 마침내 에너지 '제로' 상태, 다시 말하면 '열熱 죽음'에 직면한 것이다.

이것은 무엇을 말하는가? 왜 하나의 국가가 창립되고 이렇게 빠른 시간에 '열 죽음' 상태에 직면하였는가? 이는 단순히 2세, 3세 황제의 개인적 무능력 때문인가? 아니면 이데올

로기로서 법가철학에 문제가 있는 것이 아닐까? 훗날 가의賈
誼는 "진 왕조의 과실을 논함過秦論"이라는 글에서 진 제국의
잘못을 다음과 같이 지적하고 있다. 가의의 글 가운데 중요
한 부분을 발췌 소개한다.

진시황은 자만하여 남에게 자문을 구하지 않고, 끝내는 잘못
을 저지르고도 고칠 줄 몰랐다. 2세(胡亥를 말함/필자주)는 부
친의 과오를 그대로 이어받아 고치지지 않았고, 포악무도하
여 화를 가중시켰다. 2세의 아들 자영子嬰은 외톨이로서 가까
운 피붙이가 없었으며, 유약하였음에도 불구하고 아무도 그
를 보필하는 자가 없었다. … 따라서 천하의 선비들로 하여
금 귀를 기울여 듣게만 하고, 두 다리를 한데 모은 채 입을 꾹
다물고 아무 말도 하지 못하게 하였다. 이 때문에 세 임금이 바
른 길을 잃어도 충신은 감히 간언하지 못하였고, 지사智士는 감
히 모책을 내지 못하였다. … 이에 진시황은 선왕의 도를 폐기
하고, 백가百家의 학자들이 남긴 책들을 불살라서 백성들을 어
리석게 만들었다. … 일개 필부(匹夫, 陳勝의 무리를 말함/필자주)
가 난을 일으키자 효공에서부터 시황제에 이르는 종묘七廟가

순간에 무너지고, 천자가 남의 손에 죽임을 당하여(시황제의 손자 자영이 항우에게 죽은 일/필자주) 세상의 웃음거리가 된 것은 무엇 때문인가? 그것은 인의를 베풀지 않았고, 천하를 뺏을 때와 천하를 지킬 때의 정세가 달랐기 때문이다. … 진시황은 형법을 가혹하게 하였으며, 사술詐術과 무력을 앞세우고 인의를 뒷전으로 여기며, 포학한 수단으로 천하를 통치하였다. 진나라가 천하를 통일했음에도 그 방법을 바꾸지 않고 정치를 개혁하지 않았으니, 이는 천하를 얻고 지키는 방법에 차이가 없는 것이었다. 홀로 고립되어 천하를 소유하였으므로 그의 멸망은 서서 기다릴 수 있을 정도로 빨리 도래하였던 것이다. … 2세는 다시 아방궁을 새로 짓기 시작하였다. 또 형벌을 번잡하게 하여 벌을 엄혹하게 하였으며, 관리의 통치가 가혹하고 상벌이 형평을 잃었고, 세금의 징수에 한도가 없고 천하에 역사役事가 많아서 관리들이 감당할 수 없을 지경이었다. 또한 백성들이 곤궁한데도 임금은 백성들을 구휼하지 않았다사마천,『사기』권6. 진시황본기.

가의賈誼의 글에 의하면, 법가철학의 이데올로기적 측면보다는 시황제의 독재적 성격과 2세 호해 및 3세 자영의 인간적 무능력에 그 비중이 놓인다. 그러나 우리는 법가사상의 문제점이 전혀 없다고 할 수 없는 일이다. 필자는 위의 내용을 시황제 이후 2세의 인간적 무능력보다는 법가사상의 문제점을 지적하는 방향으로 몇 가지로 정리한다.

1) 시황제는 오로지 혼자서 전권專權을 행사하고 남의 말을 귀담아듣지 않았다. 이는 현대 용어로 말하면, 권력이 한 사람에게만 집중되는 1인 독재를 말한다. 독재는 단기적으로 효율성을 발휘할 수 있다. 그렇기 때문에 강한 군사력을 바탕으로 통일의 위업을 달성한 것이다. 진 왕조가 채택한 법가의 철학사상이 통일의 업적을 달성하는 데 공헌하였다고 주장할 수 있다. 그러나 그 효율성은 다수의 견해에 반하는 점이 있었으므로 불안하고 불완전한 것이다. 이 문제는 법가철학이 전제정치를 위한 것이지, 민중을 위한 것이 아니라는 점에서 짚고 넘어갈 일이다.[63]

2) 2세 황제 호해는 어리석고, 무능력하여 한비가 강조한 '법', '세', '술'을 모두 운용하지 못하였다. 군주가 어리석으

면, 신하가 그에 올라타서 온갖 비리를 저지르게 됨을 한비가 얼마나 많이 강조하였던가. 문제는 이와 같은 어리석은 후계자가 시황제의 죽음 이후 권력을 물려받았다는 점에 있다. 이 점은 전적으로 시황제 개인의 책임이라고 판단한다. 『사기』 권87 이사열전李斯列傳에 의하면, 시황제의 유언에 따라서 첫째 아들 부소扶蘇에게 권력이 양위되도록 되어 있었으나, 간신 조고趙高가 승상 이사와 모의하고 이를 위조하여 부소를 죽게 만들고, 호해를 세웠다고 한다. 시황제는 20여 명 되는 아들 가운데 직언을 한 장남 부소를 멀리 내치고, 호해만을 총애하여 그의 죽음의 여행에 동반하였다. 그러므로 옆에 있는 간신(조고)과 돼먹지 못한 승상(이사)이 병신 호해를 내세워 권력을 찬탈하게 된다. 조고와 이사를 등용한 인물이 곧 시황제인 까닭에 모든 책임이 시황제에게 되돌아간다. 과연 누구를 탓할 수 있겠는가? 진의 멸망은 전적으로 시황제의 책임이다.

3) 시황제는 백가의 학설을 싫어하고, 이에 따라 '분서갱유焚書坑儒'를 감행하였다. 동서 역사 가운데 학문을 싫어하

고, 학자들을 박대하여 좋은 정치를 펼친 자가 있었던가? 학
자들이 자주 비판적인 발언을 하면 돼먹지 못한 권력자들은
그들을 싫어하게 된다.[64] 그래도 이 '먹물'들을 쓰다듬어 다
스리는 일이 매우 중요하다. 시황제의 분서갱유는 곧 여론
정치를 박살낸 것이며, 사람들은 오로지 그의 위세가 무서
워서 입을 다물고 살아야 했다. 그러므로 그 멸망은 시간을
오래 기다릴 필요가 없었던 것이다. 『도덕경』 23장에 "회오
리바람은 한나절을 불지 않고, 소낙비는 하루 종일 내리지
않는다"라고 하였다.

4) 시황제 및 2세의 정치는 인의를 베풀지 않았고, 형법
을 가혹하게 하였다. 가혹한 형법의 적용은 정치적으로 단
기적 장점이 있음에도 불구하고, 장기적인 측면에서는 최대
약점이다. 가혹한 형법 적용이 있었으므로, 진나라가 6국을
멸하고 통일을 달성하였다고 본다. 또한 당시 시대적 상황
이 '인의'를 베풀기에는 한계가 있었다고 본다. 그러나 인민
의 입장에서는 어떤 형쾌로든 가혹한 형벌에 겁을 먹고, 이
를 피하고자 온갖 술책을 범할 것이다. 가혹한 형벌은 (만일

그것이 불가피하다면) 반드시 단기간에만 적용해야 한다. 만일
빵 한 조각을 훔친 죄로 그래서 평생을 감옥에 썩어야 하는
정치가 있다면 (프랑스에서 빅토르 위고 시대 장 발장처럼) 그것은
분명 잘못된 것이 아닌가?

5) 2세가 아방궁을 새로 짓기 시작하였다. 원래 아방궁은
시황제의 작품이다. 기록에 의하면 아방궁을 짓는 데시황제
는 70만 명의 죄수를 동원하였다고 한다. 관중에 300여 채,
함곡관 동쪽에 400여 채의 궁전을 지었다고 한다. 현재 이
를 믿을 만한 근거가 취약하지만, 시황제가 남긴 '병마용兵馬
俑'을 놓고 생각할 때, 이를 모두 거짓말로 받아들일 수는 없
다. 이와 같은 역사役事가 당대의 경제를 좀먹고, 인민의 불
평 내지 저주의 대상일 수 있다는 것은 충분히 가능한 생각
이다. 아주 희한한 모순은 이와 같은 작품들이 현재 중국 인
민들의 호주머니를 불룩하게 하는 데 공헌한다는 점이다.
"죽은 진시황이 살아 있는 서안西安 시민을 먹여 살린다"라고
하지 않는가?

6) 2세는 형벌을 번잡하게 하여 벌을 엄혹하게 하였고, 상벌이 형평을 잃었다. 형벌이 지나치게 가혹하면, 민심이 겁을 먹고 숨을 죽이며 살아가게 된다. 이미 상앙(공손앙)의 시기에 인민은 거주 이전의 자유가 제한되어 있었고, 향촌을 벗어날 때마다 신고가 의무화되었다.[65] 더욱 문제가 되는 점은 상벌의 시행이다. 상벌의 공정한 시행은 한비가 매우 강조하였던 통치 수단의 내용이었다.

7) 끝으로 세금의 징수에 한도가 없고, 백성들이 곤궁한데도 임금이 백성을 구휼하지 않았다. 국가란 세금을 거두어 존재하는 물체이다. 역다 정권들은 모두 세금 징수에 혈안이 되고 세금을 많이 거두어들이면, 국가의 창고는 가득 차게 된다. 그러므로 공무원들은 세금 징수의 앞잡이라고 표현할 수 있다. 그렇다면 과연 무엇을 위하여 세금을 거두어들이는가? 이는 말이 필요 없는 사항이다. 어려울 때 어려운 처지에 있는 백성을 먹여 살리고 구제하기 위하여 세금을 걷는 것이다. 백성이 곤궁한데도 권력자가 나 몰라라 한다면, 민심 이반離叛의 가장 기초적인 충족요건이다.

가의賈誼의 글 "진 왕조의 과실을 논함"이란 천하의 명문장이고, 구구절절 정치하는 자들이 새겨 담아야 할 내용이다. 이는 단순히 시황제, 2세(호해) 및 3세(자영)의 개인적인 허물을 꼬집는 것이 아니다. 이 글은 근본적으로 정치하는 자의 도리를 새긴 것이며, 또한 법가철학의 문제점을 지적하고 있는 글이다. 필자는 이 글을 읽으며, 고대 법가사상의 과실을 깨닫는 차원을 넘어서 '인간'을 무시하고 오로지 경제적 효용성의 극대만을 바라고 있는 현대 자본주의 문명의 문제점을 생각한다.

역사란 하나의 거울이다. 차갑고 매서운 그래서 인의[66]를 헌신짝처럼 내버린 법가사상의 부정적 측면을 들여다본다. 한비가 소망한 질서란 이와 같은 한계를 지닌 시대 제한적인 사상임을 우리는 기억해야 하겠다.

법가철학의 문제를 거울삼아서 한漢의 사상가 동중서는 무제에게 유가철학의 중요성을 강조하고 급기야 유가의 독존獨尊을 주장하였고, 무제가 이를 받아들이자 천하의 사상은 유가 일색으로 치닫게 된다. 이후 중국 역사는 청나라 말기까지 유가사상이 지배하였다. 지리적으로 옆에 있는 조선

왕조는 그 영향을 돈독하게 입어서, 500년 이상의 세월을 세계적으로 유래를 볼 수 없는 순정한 유교 국가로서의 기능을 담당하게 되었다.

이제 글을 마감하면서 한비가 남긴 정신적 유산을 놓고 생각해본다. 그의 사상은 모든 시대에 적용되는 통시대적인 것으로 볼 수는 없다. 동시에 공간적으로도 제약을 받고 있다. 한비가 생존하였던 춘추·전국 시대라는 한계가 있고, 그가 살았던 고대 중국 땅(현재 섬서성 일대)은 사막 기후에 가까운 척박하고, 물산이 풍성하지 못한 곳이다. 그러므로 유가가 탄생한 지방, 즉 농산물이 비교적 풍부한 산동과는 풍토가 상당히 달랐다. 이는 곧 진의 지도자들이 척박한 환경 때문에 유목민에 가까운 심리 구조를 갖게 되고, 이 때문에 법가의 철학이 공격적이고, 매섭고, 차가운 구조를 지니게 되었을 것으로 판단한다.

그러나 고대 사상가로서 한비의 법가철학은 춘추·전국의 500년 동탕動湯 국면을 마감시키고 나아가서 중국을 최초로 통일시키는 원동력으로 작용하였다. 이는 중국 고대사에 있어서 새로운 시대를 열어 나가는 데 공헌하였다는 주장이 가능하다. 그러므로 한비의 철학사상은 일정 부분 중국 문화에 기여하는 바가 있다.

아쉬운 점이 있다면 한비에 의하여 집대성된 법가사상은 국가 권력을 지나치게 외향적인 하드 파워(경성硬性) 방향으로만 치닫게 하였고, 내향성을 겸비한 소프트 파워(연성軟性)의 가능성을 열어나가지 못한 점이다. 다른 표현을 사용한다면 법가철학은 '외부에 있는 피안' 만을 소망하였고, '내부에 있는 피안'을 들여다보지 못하였다.

만일 진시황이 통일을 달성한 순간에, 곧바로 경성硬性 국가로서의 틀을 버리고 연성軟性 국가로 전향하였다면 아마도 진秦 제국이 오래 지속되었을지 모른다. 그러나 2세 호해 시절에도 제국은 계속하여 하드 파워를 신봉하였으니, 이에 견디지 못한 인민의 저항에 부딪치게 된 것이다. 이후 한漢의 유방劉邦과 초楚의 항우項羽가 천하를 놓고, 다투는 일은 유명한 이야기를 구성한다. 그러나 "힘은 산을 뽑고 기운은 세상을 덮는다(역발산기개세力拔山氣蓋世)"라고 한들 무슨 소용이 있겠는가? 민심은 겉으로 보기에는 어리석은 듯하지만, 결국에는 그들의 마음을 다스리는 자에게 복종하는 법이다.
『논어』에 보이는 공자의 이야기를 덧붙이며 글을 마친다.

공자께서 말하였다. "백성을 명령으로써 인도하고 형벌로써
가지런하게 한다면, 백성들은 형벌을 피하고자 할 뿐이요 부
끄러워하는 마음은 없게 된다. 덕德으로써 인도하고 예禮로써
가지런하게 한다면, 백성들은 부끄러워하는 마음이 있을 뿐
아니라 (감동하여) 올바르게 될 것이다"『논어』위정편.

주석

1)   이때의 태사공은 사마천의 아버지 사마담을 가리킨다.

2)   여기에서 말하는 『주역』 「대전」은 경문(經文)이 아니고, 『십익(十翼)』의 하나인 「계사전」을 말한다.

3)   위의 문장 가운데 '수컷을 알고 암컷을 지키라는 것'은 『도덕경』 28장, "수컷을 알고 암컷을 지키면, 세상의 골짜기가 된다. 세상의 골짜기가 됨은 영원한 덕이 떠나지 않으니, 영아의 상태로 되돌아간다"라는 문장의 인용이다. 또한 '현명함(혹은 보물)을 숭상하지 말라는 것'은 『도덕경』 3장에 "不尙賢, 使民不爭"의 인용이다. 이 구절은 일반적으로 "현명함(세속에서 말하는 현명함)을 숭상하지 않음으로써 백성들이 다투지 않게 한다"라고 풀이한다. 그러나 논자에 따라서는 '賢(현명할 현)'을 '寶(보배 보)'로 읽어서 "보배(보물)를 숭상하지 않음으로써 백성들이 다투지 않게 한다"라고 풀이하는 사람도 있다.

4)   '황로'란 황제(黃帝)와 노자(老子)의 학문을 결합하여 말하는 술어이다. 전국 시대 이후 전한 초기까지 도가 및 조기(早期) 법가의 사상을 융합한 것으로, '황로지술(黃老之術)'이라고도 부른다. 자세한 내용은 후술함.

5)   죽은 공자와 맹자가 다시 살아난다면, 자신들의 호칭에 대하여 불만이 있을지 모르겠다. 앞에서 말한 것처럼 일반적으로 '한비'는 '한비' 혹은 '한비자'로 병칭되고 있다. 필자는 사람에 대하여는 '한비'로 표기하고, 책 이름은 『한비자』라고 표기한다.

6)   이하 필자가 언급하는 자료는 2007년 중화서국 출판 종철(鍾哲)의

점교본(點校本)에 의한다. 이후 언급하는 『한비자』는 곧 『한비자
집해』와 동일하다.

7) 서지학의 측면에서 관찰하면, 청대(淸代) 인물 안창요(顔昌嶢,
1868~1944)의 『관자교석(管子校釋)』에 보이는 86편이 가장 신빙
할 만한 저술이다. 이 편수가 모두 관중과 무관하다고 볼 수는 없
다. 미국인 해럴드 로트(Harold D. Roth)는 『관자』 중의 내업(內業)
편을 도가의 작품이라고 보고 있다(Roth, Original Tao, 1999).

8) 『도덕경』 5장의 해석은 여러 가지 견해가 있다. 필자는 장석창(蔣
錫昌)의 해석, 즉 '多言'을 "법령 혹은 명령이 많다"라고 풀이하는 입
장을 따른다. 이 견해에 의하면 명령하는 일이 너무 많으면 실행에
있어서 역효과가 난다고 볼 수 있다.

9) 이상 인용문은 『수산각총서』 본 위덕편에 전하고, 『사고전서』 본
위덕편에는 전하지 않는다.

10) "악법도 법이다"라는 명제는 그리스 철학자 소크라테스의 말로 일
반에게 알려져 있다. 소크라테스는 재판을 받고 사형 선고가 내려
졌을 때, 지인들에 의하여 탈출을 권고 받는다. 그는 친구인 크리톤
(Kriton)에게 말한다. "내려지는 판결이 아무런 힘을 갖지 못하고 개
인에 의해서 무효화되고 철폐될 때, 국가가 참으로 파괴되지 않고
유지될 수 있으리라 생각하는가?" 이는 『플라톤의 대화』 「크리톤」
에서 인용한 것인데, 그 의미는 공동체의 법이 설사 악법이라 할지
라도 개인은 이를 지켜야 한다는 논리를 동반한다(구스타프 라드부
르흐, 『법철학』, 최종고 역; 『플라톤의 대화』, 최명관 역 참고).

11) 유가의 예 규범과 법 규범의 관계에 대하여는 이재룡의 저술 『조
선-예의 사상에서 법의 통치까지』(예문서원, 1995)를 참고하면 도
움이 클 것이다.

12) 장국화의 『중국법률사상사신편』과 소공권(蕭公權)의 『중국정치사
상사』(최명·손문호 역, 서울대학교출판부, 1998)에 의하면, 『신자

(申子)』의 잔존본이『군서치요(群書治要)』권30에 열거된「대체편(大體篇)」이라고 한다. 필자는 H.G. 크릴 교수의 부록과 대조하지 못하였다. 또한『신자』6편의 편린이 마국한(馬國翰, 1794~1857)의『옥함산방집일서(玉函山房輯佚書)』에 있다고 한다.

13) '술'이란 크게는 술책(strategy), 작게는 책략(tactics)과 같은 것이다. 향후 필자는 주로 '술' 혹은 '술책'의 용어를 함께 사용한다.

14) 조너선 D. 스펜스(Jonathan D. Spence)의 원서『MAO ZEDUNG』을『무질서의 지배자 마오쩌둥』(푸른숲, 2003)으로 번역한 남경태는 탁월한 어휘를 선택하였다.

15) 이회의 인물됨은 잘 알 수 없다.『한서』권30,「예문지」'유가'편에, 이회의 저서 7편이 기술되어 있다. 반고(班固)에 의하면, 그는 공자의 제자인 자하(子夏), 복상(卜商)의 제자라고 한다.

16) 『사기』권65,「손자오기열전(孫子吳起列傳)」에 의하면, 오기는 출세를 위하여 아내를 죽인 인물이다. 또한 이 위인은 장군으로서 병사의 독창(毒瘡)을 빨아주어 군대의 사기를 높였다고 한다. 그의 행위가 진심에서 우러나온 것인지 아니면, 하나의 쇼맨십 인지는 알 수 없다. 참고로『한비자집해』권13, 외저설우상에 오기의 이야기가 있으나, 아내를 죽였다고 말하지는 않았다.

17) 법가를 전기와 후기로 나누는 것은 편의상의 구별이다. 중국 학계는 한비 이전의 시기를 전기로 본다. 예를 들면, 증진우(曾振宇)는『전기법가연구(前期法家硏究)』(산동대학출판사, 1996)에서 상앙, 신불해, 신도를 전기법가로 취급하고 있다.

18) 현존하는『상군서』26편의 작자가 누구인지에 대해서 학계는 일치되어 있지 않다. 사마천이『사기』에서, "상군(商君)이 저술한「개색(開塞)」,「경전(耕戰)」등을 읽었다"라고 기술하고 있으므로, 그의 저작설을 부정할 수 없다. 필자는『사고전서』중의『상자(商子)』와 함께 장례홍의『상군서추지(商君書錐指)』(중화서국, 1996)

를 기본서로 채택한다.

19) 이하 『상자』에 관한 인용은 『사고전서』의 내용을 가리킨다.

20) 이때의 '법'이란 크릴 교수의 저술, 『신불해』에 의하면, 현대 실
정법에서 말하는 법 개념이라기보다는 넓은 의미의 모델, 표준
(standard) 혹은 규준(law)과 같은 뜻이다.

21) 진(秦)-한(漢) 시대의 관직 이름으로 군공(軍功)을 장려하는 제10
급에 해당한다. 상앙의 직급이 제10급 정도에 불과한데, 어떻게 절
대적 권력을 행사하였는지는 하나의 의문에 속한다. 상황은 다르
지만, 조선왕조 시절 조광조(趙光祖, 1482~1519)를 여기에 비유할
수 있다. 성균관의 이름 없는 선비에 불과한 그가 졸지에 6품직인
조지서(造紙署) 사지(司紙)에 추천되었고, 대사헌에 이르는 벼락
출세를 하였다. 문제는 권력자의 신임이다. 상앙은 제10급에 상관
없이 효공의 절대적 신임을 받았고, 조광조는 종이를 만드는 조지
서의 말직에 상관없이 중종의 절대적인 신임을 얻었던 것이다.

22) 상앙 변법 연대는 학자들 간에 일치되지 않는다. 두정승(杜正勝)의
『편호제민(編戶齊民)』 민국 79년에 의하면, 효공 6년에 즉 제1차
변법이 시행되었다고 한다.

23) 원래의 취지가 어떻든 '연좌제'는 역대 권력자들의 무소불용의 무
기가 되었다. 시대와 장소를 달리하여 1960년대 대한민국에서도
연좌제가 위력을 행사하였다. '반공법'의 이름 아래 무수하게 많은
무고한 사람들이 연좌제에 의하여 희생을 당하였거나, 혹은 사회적
인 불이익을 받아야 했다.

24) 훗날 한(漢)의 동중서(董仲舒)가 "부자들의 땅은 끝없이 연결되었
으나, 가난뱅이들은 송곳을 꽂을 만한 한 치의 땅조차 없었다"라고
비판하였듯이, 빈부의 차이를 가져온 점은 부정할 수 없다. 그러나
우리는 상앙의 조치가 부국강병의 길을 촉진시켰음을 인정해야 한
다. 한비는 상앙의 변법 시행으로 말미암아 진이 부강한 나라가 될

수 있었다고 언급하고 있다.

25) '진시황'의 칭호는 진왕 정(政)이 죽은 다음에 내려진 시호이다. 여기서는 호명의 편의를 위하여 생전의 경우에도 사용한다.

26) 평가자 대부분이 유가에 속하는 인물임을 고려한다면 이상한 일이 아니다.

27) 이 용어는 벤자민 슈월츠 교수의 표현이다. 『중국 고대사상의 세계』(Benjamin I. Schwartz 지음, 나성 역, 원서: The World of Thought in Ancient China)를 참조.

28) 전국(戰國) 말기까지 황제서(黃帝書)가 있었을 것으로 추측한다. 오늘날 전하고 있는 의서(醫書) 『황제내경(黃帝內徑)』도 그중의 일부일 것이다.

29) 여기서는 서목(書目)의 열거를 생략한다. 이령(李零)의 글, '황로를 말한다,' 『도가문화연구』 제5집(上海古籍出版社, 1994)를 참조하면 도움이 클 것이다.

30) 풍우란은 앞에서 언급한 『중국철학사신편』에서 신도가 황로학의 창시자일 가능성이 있다고 말한다.

31) 여명광, '『황제사경』의 책이름과 책이 이루어진 년대 고찰,' 『도가문화연구』 제1집(上海古籍出版社, 1992 / R. P. Peerenboom, Law and Morality in Ancient China, State University of New York Press, 1993) 참조.

32) R. P. 피렌붐Peerenboom은 『고대 중국에 있어서 법과 도덕(Law and Morality in Ancient China)』에서 이와 같이 주장하고 있다.

33) 하상장인은 본명이 아니다. 황하의 언저리에 살았던 '늙은이(丈人)' 정도로 새기면 된다. 『도덕경』 하상공본(河上公本)의 저자로 볼 수 있다. 중국 고대 인물 대부분이 그렇듯이 우리는 이 사람의 정체를 알 수 없다.

34) 형벌을 담당하는 관리.

35) 진한(秦漢) 시절 형벌의 하나로, 야간에도 밤을 새워 성을 쌓는 노
동을 시키는 벌.

36) 『사기』권102, 「장석지풍당열전(張釋之馮唐列傳)」및 『한서』권
50에 그 내용이 전하고 있다.

37) 『사기』권120, 「급정열전(汲鄭列傳)」. 같은 내용이『한서』권50에
도 전한다.

38) 그의 본명은 양귀(楊貴)이다. 왕손은 그의 자(字)이며, 왕의 손자라
는 뜻이 아니다.

39) 『한서』권67, 「양호주매운전(楊胡朱梅云傳)」, 안대회 편역;『한서
열전(漢書列傳)』, 까치, 1997 참고.

40) 『한서』권39, 소하조참전.

41) 학자들은 이 시기를 '문경지치(文景之治)'라고 부른다. 한초 정치가
비교적 안정된 시기이다.

42) 『사기』권49, 외척세가(外戚世家)에 "두태후가 황제-노자의 말을
좋아하여, 황제 및 태자의 무리들에게 그 책을 읽도록 하였다. 그들
은 부득불 황제-노자 등을 읽지 않을 수 없었고, 그 술術을 존중하
지 않을 수 없었다"라고 있다.

43) 무제가 유학을 독존의 형식으로 채택한 일은 역사적 사건이다. 그
러나 개인으로서 무제는 어려서 받은 황로학의 영향을 한순간에
벗어난 것은 아니다. 그는 청정(淸淨) 무위(無爲) 방면의 황로학을
버렸을지언정, 양생(養生) 방면을 소홀히 한 것은 아니었다.

44) 윗글 「해로」편에서 한비가 언급한 '리(理)'자는 다소 불투명한 개념
이다. 송학(宋學)에서 말하는 '리(理)'와는 상당한 거리감이 있다고
본다. 필자는 이 개념에 특별한 철학적 의미를 부여하지 않고, '리'
라고 표현한다. '조리(條理)' 혹은 '규율'로 번역한 중국학자가 있다.

45) 『한비자』해로편(解老篇)은 문자 그대로 '노자의 글을 해석한다'라
는 뜻이다. 자세한 내용은 후술함.

46) 공자의 입장은 다소 불투명하다. 『논어』의 "본성은 서로 비슷하지만, 습관에 의하여 서로 멀어진다(性相近, 習相遠也)"라는 구절을 놓고 볼 때, 공자는 고자의 성무선무불선의 입장에 가깝다.

47) 여담이지만 『순자집해』를 저술한 왕선겸(1842~1917)은 『한비자집해』를 저술한 왕선신(1859~1922)의 형이다. 형이 한비의 스승인 순자를 집중 연구하고, 동생이 그 문하생인 한비자를 집중 연구하여, 중국학계에 불멸의 업적을 남긴 일은 흥미로운 일이다.

48) 우리는 '호혜적 이타주의'의 케이스를 놓고 이를 모두 옳다고 검증할 수 없다. 예컨대 『맹자』「공손추上」에 등장하는 '남의 고통을 그냥 지나치지 못하는 마음(不忍人之心)'에서 우물에 빠지는 어린아이를 달려가서 구제하는 경우는 '호혜적 이타주의'에서 발생하는 어떤 이익을 바라고 한 것이 아님은 확실하다.

49) 3황 5제에 해당하는 인물의 이름에는 서로 다른 견해가 존재한다. 이들은 모두 전설적인 존재들인 까닭에 문제 삼을 필요는 없겠다.

50) Burton Watson은 '환관'의 무리를 "Those of its people who are worried about military service"라고 번역하고 있다. 이는 군역(軍役)을 면제하고자 걱정하는 무리들로 해석이 되는바, 이것은 좁은 의미이다. 왓슨의 영문 번역은 '환어' 집단의 이해관계를 충분히 반영하지 못한다.

51) 용어상으로 법은 고대의 '형(刑)'에서 '법'으로, 또한 법에서 '율(律)'로 진화한다. 상앙의 변법을 '법'에서 '률'로의 변화라고 이해한 학자가 있다[장진번(張晉藩) 외, 『중국형법사신론』(인민법원출판사, 1992)]. 그러나 현실세계에서는 이 용어들이 뭉뚱그려진 상태로 사용되고 있다고 생각한다. 대개 '률'이 현대적인 의미의 법과 통한다.

52) 이와 같은 입법원칙은 그리스 철학자 아리스토텔레스의 정의 개념과는 거리가 있다. 이는 문화 풍토가 다르기 때문에 장단점을 함부

로 말할 일이 아니다. 독일 법철학자 구스타프 라드부르흐에 의하면, 법의 이념은 정의 이외에 다른 것이 될 수 없다. 말하자면 정의는 법에 선행한다. 만일 이와 유사한 점을 한비에게서 구한다면, 앞에서 말한 '순천순인(循天順人)'의 개념에서 약간의 시사점을 찾을 수 있을 것이다.

53) 상기 문장 중의 '直躬'은 '정직한 사람' 혹은 '직궁이라는 사람'의 두 가지 뜻을 가진다.

54) 언어적 감각으로 '세'를 '세력' 혹은 '권세'로 번역할 수 있다. 필자는 '세', '세력' 혹은 '권세'를 공용한다.

55) 한비가 세력을 논하면서 도덕을 정치의 영역 밖에 놓은 점을 놓고, 서양의 정치사상가 마키아벨리(Machiavelli)의 사상과 일정 부분 비유할 수 있을 것이다.

56) 이 문장의 원문 '勢重'은 '세력의 무거움'이라고 번역하지만, 문장의 흐름으로 본다면 하나의 명사로 처리해도 무방하리라 판단한다.

57) 언어적 감각으로 '술'을 '술책' 혹은 '술수'로 번역할 수 있다. 필자는 '술', '술책' 혹은 '술수'를 공용한다.

58) '도', '리', '상'의 개념은 방편적인 설명에 불과하고, 언어로 표현함이 불가하다. 그러므로 『한비자』 원문에서 "强字之曰道"라고 말한다.

59) 철학적 내용도 중요하지만, 서지학적 판본의 문자 일치 문제도 또한 가치가 있다.

60) 기원전 10세기 주(周) 무왕(武王)의 동정(東征)에 따라서 건설된 서주(西周) 시대를 중국 최초의 통일로 규정하는 학자도 있다. 역사책에는 무왕 정벌을 놓고 도덕적 측면에서 천명을 얻어서 상(商)을 멸한 것으로 기술하고 있다. 그러나 필자는 무왕의 전쟁을 비록 천명(天命)을 내세우기는 하였으나 그 정벌을 참혹한 살육전으로 규정한다. 필자의 저술 『실사구시로 읽는 주역』(서광사, 2009) 참조. 무왕이 살육전을 통하여 얻은 통일은 주(周) 민족의 부락 단위의

통합으로 불완전하고 규모 또한 협소한 것이다.

61) 상앙이 불행하게 죽은 것처럼, 한비 또한 모함을 받고 감옥에서 운명을 다하였다. 동서고금을 막론하고, 위대한 사상가의 말로가 반드시 순탄한 것은 아니었다. 한비의 경우를 놓고 볼 때, 개인적인 불행에도 불구하고, 훗날 진시황에 의한 중원 통일은 그의 영향력이 미친 결과라고 말해도 무리가 아니다.

62) 1975년 호북성 운몽현(雲夢縣) 수호지(睡虎地)의 11호 묘에서 다량의 죽간(竹簡)이 발굴되었다. 죽간 1,000여 매가 수집되었는데, 그 가운데 600매 이상이 법률관계 문서였다. 이 발견으로 시황제 시절의 법률 내용을 규명할 수 있게 되었다. 일본인 학자 니시지마 사다오(西嶋定生)는 이 발굴을 서안의 병마용(兵馬俑) 발굴 못지않은 중요한 사건으로 인식하고 있다.

63) 비유적으로 말해본다. 한국 현대사에 있어서 박정희 정권의 마지막은 '유신'의 철학사상과 관련이 있다. 유신헌법은 박정희 1인 독재를 미화시키고, 그의 영속적인 집권을 가능하게 한 헌법이었다. 당시 몇 명의 헌법학자들이 동원되어 헌법을 제정하고 반포하였다. 우리는 여기에서 어떤 철학이 나쁜 정부를 위하여 공헌하는 경우를 본다. 중국 고대의 법가사상은 진시황의 독재에 공헌한 점이 있다.

64) 현대 중국의 지도자 (혹은 지배자) 마오쩌둥(毛澤東)은 지식을 중시하였으나, 지식인은 미워하였다. 그는 북경대학 총장이자 인구학자인 마인초(馬寅初)의 '인구조절론'을 무시하고, 13억 인구의 현대 중국을 조성하였다. 마오의 독단으로 말미암아 '문화혁명' 시기 많은 지식인이 핍박을 받았다.

65) 상앙은 자신이 만든 법에 걸려서 죽는다. 즉 여행자의 이동에는 반드시 신고가 뒤따랐는데, 그는 도망을 치다가 여관 주인이 여행자 신고의무에 따라서 신고를 하는 바람에 잡혀서 차열형(車裂刑)에

의하여 죽었다.

(66) 이상적인 측면에서 인의 도덕의 질서를 만족시킬 수 있는 정치 체계 혹은 법질서란 존재하지 않는다고 생각한다. 그러나 '이데올로기'로서의 유가는 사람들의 마음에 호소할 수 있는 최소한의 도덕 질서를 소망한다. 그것이 공자와 맹자가 호소하고 있는 '인의'의 질서가 아니고 무엇인가?

韩非子